Reconocimi

Cardenal Cassidy, *presidente emérito del PCPUC, El Vaticano*
He encontrado mucho en estas páginas para reflexionar y hallar consuelo; espero que este libro alcance a muchos que estén necesitando de tal consuelo y comprensión mientras los años van en aumento.

Richard J. Foster, *autor, Celebración de la disciplina*
La riqueza de los años es rico en sabiduría, rico en coraje, rico en esperanza. Las personas que conocemos en estas páginas y las historias que cuentan construyen dentro de nosotros una convicción firme de que Dios está con nosotros a cada paso de nuestro viaje.

Ian Harper, *profesor emérito, Universidad de Melbourne*
La clave para terminar nuestros días bien, escribe Arnold, es cultivar el agradecimiento por cada nuevo día y dedicar nuestro tiempo a amar y servir a los demás. Realmente muy sabias palabras y especialmente consoladoras para aquellos cuyos días están contados —y ¿no es así para todos nosotros?

Catherine Wiley, *fundadora de la Asociación de Abuelos Católicos*
Una lectura inspiradora para los abuelos y en realidad para personas de todas las edades. Trata de forma sensible muchos asuntos relacionados con la vejez y enfermedades de las que a las personas no les gusta hablar, pero deberían. Encuentro *La riqueza de los años* hermoso, útil y lleno de amor.

Stephen Judd, *jefe ejecutivo de HammondCare*
Arnold nos presta a todos un gran servicio, alentándonos a ver la vejez como parte del progreso normal de nuestras vidas. El desafío es enfrentarnos a la vejez con esperanza y en comunidad y no solos y desesperanzados. Este libro está lleno de sabiduría, aliento, tristeza y alegría.

Hashim Garrett, *orador, Romper el Ciclo*
Leer este libro es gratificante pero arriesgado —necesitará invertir en una caja de pañuelos también. La introducción solamente me hizo ir por ellos. Poderoso.

La riqueza
de los años

La riqueza
de los años

*Encontrar paz y propósito
en la longevidad*

Johann Christoph Arnold

Plough Publishing House

Publicado por Plough Publishing House
Walden, Nueva York
Robertsbridge, Inglaterra
Elsmore, Australia
www.plough.com

© 2014 por Plough Publishing House
Derechos reservados.

Traducción de Juan Segarra Palmer
Foto de cubierta: ©Corbis Images
Texto bíblico tomado de la Santa Biblia, Nueva Versión Internacional
© 1999 por la Sociedad Bíblica Internacional
Derechos reservados.

ISBN: 978-0-87486-805-0
20 19 18 17 16   5 6 7 8 9 10

Un registro de este libro está disponible en el catálogo de la Biblioteca Británica.
Datos para la publicación en el catálogo de la Biblioteca del Congreso

Arnold, Johann Christoph, 1940-
[Rich in years. Spanish]
La riqueza de los años : encontrar paz y propósito en la longevidad / Johann
Christoph Arnold.
   pages cm
ISBN 978-0-87486-805-0 (pbk.)
   1. Older Christians--Religious life. 2. Aging--Religious aspects--Christianity. I.
Title.
BV4580.A7618 2014
248.8'5--dc23
                    2013046996
Impreso en los Estados Unidos de América

Mi esposa Verena y yo dedicamos este libro a nuestros padres, Heinrich y Annemarie Arnold y Hans y Margrit Meier. Porque ambas parejas permanecieron fieles en el matrimonio y fieles a Jesús, sus vidas fueron abundantemente plenas hasta la vejez, y tocaron a miles de personas.

Contenido

De modo semejante desarrolla más su libro *Setenta veces siete,* que señala que la base de la paz es centrarse en el perdón y la misericordia, recordándonos la misericordia que cada uno de nosotros recibimos. Nos llama a permitir que la misericordia nos transforme por medio del perdón, y así entremos a la vida eterna.

También Arnold hace hincapié en la importancia fundamental de la oración: «No importa cuánto tiempo nos quede por delante, debemos utilizarlo para llevar a otros a una relación con Dios, una relación profunda y devota. Éste es tal vez el mejor regalo que podemos dar». La obra de Arnold refleja el corazón de la primera encíclica del Papa Francisco, *Lumen Fidei* («La luz de la fe»). En ésta, el Pontífice abraza la obra de su predecesor el Papa Benedicto XVI con su compromiso con las Escrituras y tradiciones y le añade su propia perspicacia. Dice:

> Es urgente recuperar el carácter luminoso propio de la fe, pues cuando su llama se apaga, todas las otras luces acaban languideciendo. Y es que la característica propia de la luz de la fe es la

capacidad de iluminar *toda* la existencia del hombre. Porque una luz tan potente no puede provenir de nosotros mismos; ha de venir de una fuente más primordial, tiene que venir, en definitiva, de Dios . . . La fe, que recibimos de Dios como don sobrenatural, se presenta como luz en el sendero, que orienta nuestro camino en el tiempo.

Para mantenerse con esta visión la Iglesia Católica Romana ha emprendido «el evangelio renovado» —un proceso de renovación por medio de las bendiciones del Espíritu Santo que nos invita a ser testigos revitalizados del evangelio. Como el Papa Benedicto XVI nos recuerda, esta renovación está estrechamente relacionada con la llamada a la unidad, a cruzar las fronteras religiosas entre todos los seguidores de Jesús.

La pobreza espiritual de muchos de nuestros contemporáneos —que ya no perciben como privación la ausencia de Dios de sus vidas— representa un desafío para todos los cristianos. En este contexto, a nosotros, creyentes en Cristo, se nos pide volver a lo esencial, al corazón de nuestra fe, para dar juntos testimonio del Dios vivo al mundo, o sea, de un Dios que nos conoce y nos ama, en cuya mirada vivimos; de un Dios que espera la respuesta de nuestro amor en la vida de cada día (Discurso del Santo Padre Benedicto XVI a la plenaria del Consejo Pontificio para la Promoción de la Unidad de los Cristianos, 15 de noviembre de 2012).

Es una alegría reconocer en este libro de Johann Christoph Arnold una manifestación de lo que el Papa Francisco y el Papa Benedicto describen. La obra del pastor Arnold y la comunidad a la que pertenece, el Bruderhof, son testimonios del vínculo de la fe que nosotros, como cristianos, compartimos.

Cardenal Seán Patrick O'Malley, O.F.M. Cap.

Arzobispo de Boston

Introducción

por Johann Christoph Arnold

A MI ESPOSA y a mí nos encanta hacer caminatas y, a través de los años, hemos conocido incontables personas en el camino. Algunas son jóvenes y vigorosas, con equipo nuevo y paso juvenil. Tal vez actúen como si supieran lo que están haciendo pero, en muchas maneras, son ingenuas y carecen de experiencia. Otras caminan con la certeza y la confianza obtenidas por haber atravesado este terreno anteriormente. Y otras, francamente, están perdidas. No saben de dónde vienen ni hacia dónde se dirigen.

Esta es nuestra experiencia humana. En el libro *El progreso del peregrino,* John Bunyan compara la vida con un viaje largo. El peregrino de Bunyan conoce su meta final, pero constantemente lucha contra los peligros en el camino: las distracciones tentadoras, bestias feroces, y pantanos sin camino. A menudo el camino es angosto, bordeado de riscos acantilados y abismos de caídas repentinas. En la medida en que el peregrino se acerca al final, lo atacan más que nunca. La vida también es así. En la vejez comenzamos a perder nuestras facultades de maneras en que los jóvenes ni siquiera pueden imaginar. La enfermedad, la soledad y la muerte misma nos acechan cada vez más.

Cada viaje está plagado de dudas acerca de si llegaremos al destino. A menudo nos lastimamos en el camino. Destrozados y desorientados, luchamos por seguir adelante. Esto siempre se hace más difícil si caminamos solos. La forma más segura de mantenerse sano y salvo en el camino es ayudarnos los unos a los otros. Seamos viajeros veteranos o novatos, todos estamos juntos en este camino. Y, como cualquier caminante avezado les dirá, la forma más fácil de desorientarse es lanzarse por cuenta propia.

Cuando experimentamos dificultades, adquirimos un conocimiento del camino que puede y debe ser compartido con los demás. Conocemos las vistas más espectaculares y la importancia de detenerse para apreciarlas. Conocemos los manantiales secretos que nunca se secan, y donde podemos detenernos a descansar sin peligro. De igual modo, nosotros que hemos alcanzado la vejez podemos ser fuente de sabiduría, esperanza e inspiración para otros. Es por eso que escribí este libro. He tropezado con frecuencia y he perdido el camino más veces de las que quisiera admitir, pero sé lo que podría hacer que el viaje sea menos atemorizante y más satisfactorio. Espero que las historias en este libro les animen a seguir adelante. Por eso dedico este libro a mis compañeros ancianos, con el deseo de que tengan la fuerza para continuar ayudando a otros peregrinos.

Todo caminante avezado lleva consigo una brújula. Tal vez no la use durante muchos días pero, cuando lo haga, rápidamente lo encaminará. En mi propio viaje, la guía más importante para mantenerme en el camino ha sido la oración. Cuando me vuelvo hacia Dios y doy la espalda a mis preocupaciones acerca del camino por delante, él orienta mi corazón de nuevo hacia la meta final. También la paz del corazón surge de una práctica diaria del perdón y del servicio a los demás. Estas son herramientas que podemos utilizar mientras seguimos adelante.

A fin de cuentas, es Dios —y no nosotros— quien determina cuánto tiempo pasamos en el camino. Cada uno de nuestros viajes comienza al nacer y termina con la muerte. Algunos de nosotros caminamos durante años, perdiendo el camino ocasionalmente para luego volver a encontrarlo. O regresamos para ayudar a alguien que se ha quedado rezagado, tal vez preguntándonos si no estamos desperdiciando nuestro tiempo precioso. Otros viajan por sólo un corto tiempo, pero aun así, ¿quién puede decir que ellos no han alcanzado la meta que Dios les ha puesto?

Cada uno de nosotros, a la larga, llega al final, y ahí Jesús estará velando y esperando que lleguemos. Él sabe cuando comenzamos y ha velado por cada paso nuestro. Nos juzgará si le hemos pasado por alto o ignorado a un viajero en dificultades sin extenderle una mano de ayuda. Pero nos recompensará por cada obra de amor que hayamos hecho por los demás, y nos dará la bienvenida con los brazos abiertos: «Vengan a mí todos ustedes que están cansados y agobiados, y yo les daré descanso» (Mateo 11:28).

Rudi Hildel
«¡Podré estar envejeciendo, pero no se preocupen
tanto por mí!»

1

Envejecer

¡Envejeced junto a mí!,
todavía nos aguarda lo mejor,
el final de la vida, por el cual la primera fue hecho:
nuestros tiempos están en Su mano
de él que dice: «Todo, lo he ordenado;
la juventud solo muestra la mitad; confiad en Dios:
¡observa todo, sin temor!».

Robert Browning

Ese es uno de los poemas favoritos de
Ellen Keiderling, una antigua secretaria mía que
fue de gran ayuda con mis otros libros. Aunque ya
no trabaja para mí, sigue siendo una participante
activa de mi iglesia y a menudo contribuye cuando
existe la oportunidad para una discusión abierta.
Cuando tuve la primera inspiración para escribir
este libro, Ellen escribió lo siguiente:

Aunque tengo ochenta años y estoy batallando contra la vejez, no quiero regresar a los veinticinco. Éstos son los mejores años de mi vida.

En mi vejez, sé que es importante que alguien me ayude. Cómo Jesús le dijo a Pedro: «De veras te aseguro que cuando eras más joven te vestías tú mismo e ibas adonde querías; pero cuando seas viejo, extenderás las manos y otro te vestirá y te llevará adonde no quieras ir» (Juan 21:18). Ciertamente me están llevando adonde no quiero ir, y esto es difícil de aceptar.

No siempre me gusta cuando la gente me da órdenes y se preocupa por mí. En verdad, no me hace falta ayuda para vestirme, pero lo agradezco. No me gusta cuando la gente camina conmigo a todas partes, pero lo agradezco porque me estoy poniendo vieja. Y me siento tan contenta de estar en paz. Es muy cierto lo que dice Browning, no tengo razón alguna para tener miedo.

No todos somos como Ellen. El temor a la muerte, junto con el temor de envejecer, nos llena la mente, pero no queremos hablar sobre el asunto. ¿Qué es lo que estamos tratando de evitar? Shakespeare expresó estas verdades sencillas en su drama.

Escribió (todavía me acuerdo de estas líneas,
por haber tenido que memorizarlas en la escuela
secundaria):

Todo el mundo es un teatro,
y todos los hombres y mujeres simplemente actores.
Tienen sus mutis y sus entradas ...

(Como gustéis)

¡Apágate, apágate breve llama!
La vida es una sombra que camina, un pobre actor
que en escena se arrebata y contonea
y nunca más se le oye. Es un cuento
que cuenta un idiota, lleno de ruido y de furia,
que no significa nada.

(Macbeth)

A muchos nos preocupa que, no importa cuán
exitosa haya sido, nuestra vida se desvanecerá a
nada y pronto se la olvidará. O tal vez temamos
perder la mente, la memoria y la independencia.
También tememos la soledad, el dolor y el sufrimiento. Muchos se preocupan de no haber vivido
la vida como debieran haberla vivido. Pero todo
esto se puede vencer. Envejecer no tiene que ser

una cárcel de desánimo y desesperanza. Nos puede presentar oportunidades únicas, en las que el significado y propósito de la vida encuentran su cumplimiento, y donde podemos expresar el amor como siempre quisimos, pero que por alguna razón jamás habíamos sido capaces.

Nuestra sociedad ha perdido la perspectiva sobre el envejecimiento. Los adelantos en la medicina nos han dado un falso sentido de inmortalidad. Pareciera que pensamos poder vivir para siempre y nos enorgullecemos en estirar los límites de la edad, pero al hacer esto, expulsamos a Dios de nuestra vida. Al idolatrar la juventud, la vitalidad y la salud física, nos obsesionamos con aumentar el tiempo de vida, mientras que a Dios lo que le importa es profundizar el significado de la vida.

Existe toda una industria dedicada a ayudarnos a rebelarnos contra los síntomas físicos del envejecimiento. Los incontables cosméticos, fármacos y programas de ejercicio diseñados para los ancianos tratan de convencernos de que ser joven es la única manera de ser. Pero, siendo realistas, ya cuando llegamos a los setenta años, todos hemos comenzado a perder algunas de nuestras facultades. El cabello se nos pone canoso (si es que nos queda alguno), la piel se vuelve más arrugada y el paso más lento. ¿Por qué somos incapaces de aceptar esto?

No hay duda de que Dios nos acepta cuando envejecemos. En las Sagradas Escrituras queda meridianamente claro que Dios ama a los viejos y los tiene en alta estima. ¿No debiéramos nosotros hacer lo mismo? Una vida larga es una bendición de Dios y viene acompañada de una responsabilidad hacia la próxima generación.

Existen muchas historias en las que Dios usa personas ancianas para lograr sus propósitos. Abraham tenía cien años y Sarah noventa cuando nació su hijo Isaac. Moisés tenía ochenta años cuando sacó al pueblo de Dios de Egipto. Zacarías e Isabel estaban «bastante adelantados en años» cuando les nació Juan el Bautista. Si tuviéramos una minúscula noción de los diseños de Dios, viéramos que envejecer no tiene que ser un lento deterioro. No tenemos que suponer que ya pasaron nuestros mejores días.

Aquellos que conservan un sentido de aventura mientras la salud se les deteriora podrán enfrentar las humillaciones de la vejez con gracia y buen humor. John Hinde, quien renunció una prometedora carrera de negocios en *Lloyd's of London* para unirse a una comunidad agrícola rural, era una de las personas a quien buscaba emular durante mi niñez. Después de haber vivido toda una vida, me dijo:

> Cuando tenía veintiún años, la vida era una gran aventura. Ahora, de alguna manera, todo es tan sosegado. Claro está, a los ochenta y tres años no tengo el mismo deseo de aventura que tenía a los veintiuno. Pero, cuando te pones a pensarlo, ¡envejecer es una aventura! Es algo que hay que encarar con arrojo. Uno pierde una cosa tras otra, se vuelve cada vez más dependiente, más estúpido y todo tipo de cosas, pero aun así debe ser una aventura.

John y Ellen están hablando de lo que muchos llaman la «segunda infancia». Para algunos esto es un término negativo, pero no para ellos. En vez de aferrarse a facultades perdidas, acogieron un nuevo espíritu de niño. Este espíritu era y sigue siendo importante para Jesús. Después de todo, él dijo que si queremos entrar al reino de los cielos tenemos que volvernos como niños (Mateo 18:3).

Claro está, no todo el mundo tiene un punto de vista tan positivo sobre llegar a viejo. Nunca es fácil aceptar el proceso de envejecimiento y el final de la vida que se avecina.

Un buen amigo mío desde la niñez, Rudi Hildel, era un viudo octogenario. Quería preservar su independencia aunque era obvio que necesitaba más ayuda con sus actividades cotidianas. Tuvimos muchas conversaciones acaloradas acerca de cómo él se sentía agobiado por tantas atenciones, cuando lo que deseaba era, sencillamente, que lo dejaran en paz. En una ocasión me dijo:

Sí, estoy envejeciendo y la gente se preocupa cariñosamente por mi salud, pero puede ser demasiado. Este exceso de preocupación es un problema para mí. Constantemente me preguntan: «¿Verdaderamente puedes ir a solas?», «¿Te puedo dar la mano?», «¡Ten cuidado, te puedes resfriar!», «¡Cuidado, te puedes caer y fracturar la cadera!».

La veta terca de Rudi casi le causaría su ruina. Él tenía una motoneta eléctrica y cuando se hizo evidente que ya no podía manejarla con seguridad, su yerno le quitó las llaves. Pero Rudi convenció a uno de sus nietos para que se las encontrara y pronto estaba manejando de nuevo. Luego, la familia consiguió un electricista para dejar fuera de circulación la motoneta pero, una vez más, Rudi convenció a un nieto para que le hiciera un trabajo de reparación clandestina y de nuevo estaba en la carretera. Unos días más tarde, mientras iba bajando un camino empinado de gravilla, perdió control de la motoneta y empezó a circular por una cuneta hasta bajar por un terraplén. Sólo la presencia de un transeúnte, que por suerte se encontraba en el área y sostuvo con fuerza la parte de atrás del asiento, evitó una catástrofe.

Fue sólo entonces que Rudi se dio cuenta de la peligrosidad de su veta independiente. La motoneta fue retirada en un lugar seguro y, aunque al principio estuvo reacio, Rudi aprendió a aceptar ser trasladado en una silla de ruedas.

Eileen Robertshaw, una británica llena de energía, gozaba de una salud excelente a una edad avanzada. Practicaba la natación con regularidad hasta después de alcanzar los ochenta años. Pero, con el tiempo, encontró la bendición oculta en el hecho de tener que depender de los demás.

Parece que hay dos tentaciones a medida que envejecemos. La primera es aprovecharnos de cualquier ayuda que se nos ofrezca y volvernos perezosos e indulgentes con nosotros mismos. La otra es estar demasiado aferrados a la independencia. Ceder a la primera nos hace blandengues y egoístas, mientras que ceder a la segunda puede absorber nuestra fuerza y atención a expensas de nuestras relaciones con los demás.

La segunda, por lo menos en mi caso, se debe a la vanidad. Yo me sentía orgullosa de que podía hacer algo que otros de mi propia edad, o aún más jóvenes, no podían hacer tan fácilmente como yo. Al igual que toda vanidad, es absurda. No constituye ningún mérito de mi parte si aún retengo alguna facultad u otra y, en todo caso, es poco amable porque me estoy poniendo por encima de los demás.

Cuando por fin decidí conseguir alguien que me cuidara, me enriqueció la vida de maneras que no había imaginado. Al volverme más dependiente, tenía más tiempo y oportunidades para compartir con los demás. Aún si no me hacía falta un brazo extendido, aprendí a decir: «Verdaderamente no me hace falta, pero me encantaría disfrutar de tu compañía». Mi filosofía es la siguiente: sigue adelante todo lo que puedas mientras puedas, pero no dejes que sea algo que te aísle.

Envejecer, como descubrieron Rudi y Eileen, ciertamente conlleva una batalla porque tanto de lo que hemos conocido se está acabando. El poeta galés Dylan Thomas recogió esto en su famoso poema, «No entres dócilmente en esa buena noche», al escribir:

La vejez debería arder y delirar al concluir el día;
enfurécete, enfurécete ante la muerte de la luz.

Se podría argumentar que la mayoría de nosotros estamos tratando de encontrar la paz en vez de la furia en la vejez, y a mi modo de ver, la luz nunca muere. Sin embargo, dar el todo hasta el último aliento es ciertamente algo a lo cual debiéramos aspirar. Esto es una paradoja: la muerte es el enemigo final, y tenemos que luchar contra ella con todas las fuerzas de la vida, no obstante, sabemos que Cristo ha vencido la muerte y, por lo tanto, no hay porqué temer.

Llegar a viejo puede ser un don, pero únicamente si nos entregamos al plan de Dios. Entonces podemos dejar de quejarnos acerca de las cosas que ya no podemos hacer y darnos cuenta que Dios está encontrando nuevas maneras de usarnos. Con este don de Dios podemos darles ánimo a muchos otros. Cuando encontramos la paz de Jesús, ésta reemplazará con creces las cosas que antes hacíamos para nuestra satisfacción personal. Aún con nuestras capacidades mentales y físicas reducidas, tenemos muchas oportunidades para trabajar por la humanidad y por el reino de Dios en la tierra al vivir los dos mandamientos principales de Jesús: «Ama al Señor tu Dios con todo tu corazón, con todo tu ser y con toda tu mente» y «ama a tu prójimo como a ti mismo» (Mateo 22:37–39).

Josua Dreher

«¿Por qué tememos a la eternidad?»

2

Aceptar los cambios

LENTA Y SIGILOSAMENTE, casi inadvertida, la vejez alcanza a todos. Durante la mayor parte de mi vida ni siquiera quería pensar en ella. Entonces comenzaron a aparecer los obstáculos, tratando de hacer que redujera la marcha. Primero, perdí la voz y no pude hablar durante meses. Luego, tuve problemas cardíacos. Ambos ojos requirieron cirugía y quedé completamente ciego de uno. Después, la audición se me deterioró. Pareciera que una cosa después de la otra se estaba descomponiendo.

Me siento agradecido porque mi esposa y yo todavía caminamos varias millas a diario. Todavía puedo leer y escribir a máquina lo suficiente como para hacer mi trabajo. Aun así, cuántos de nosotros somos como el amigo mío que en una ocasión sentenció: «Mi cuerpo está envejeciendo, pero ¡yo no!». Estoy seguro que muchos se encuentran en estados de negación similares. Claro, es difícil dejar ir todas las actividades que acostumbrábamos hacer. Se nos puede hacer difícil aceptar nuestro papel cambiante en la familia o en el trabajo según otros van asumiendo nuestras responsabilidades. Esto puede causar que nos sintamos inútiles y deprimidos.

Tener sentido del humor acerca de las vicisitudes de la vejez es más importante de lo que pensamos. La risa puede alegrarles el día a todos aquellos a nuestro alrededor que piensan que están demasiado ocupados con asuntos importantes para estar de bromas. A veces la risa es la única respuesta cuando se nos olvida el nombre de alguien o dónde fue que dejamos las llaves. Mi médico, que es más viejo que yo, en una ocasión dijo a modo de broma: «Todas mis amistades caminan más rápido que antes. También hablan más rápido y en voz más baja. Incluso aparecen un poco más borrosos. Todo está cambiando. ¿O seré yo?». Como a mi amigo Pete Seeger le gusta cantar:

La vejez es de oro, es lo que se dice,
pero a veces me pregunto, al arrastrarme a la cama
con los oídos en un cajón, los dientes en una taza
los ojos en la mesa, hasta que me despierte . . .

Un asunto que no es motivo de risa es la pérdida de
movilidad, comenzando con la necesidad de usar
un bastón hasta llegar a los andadores, las sillas de
rueda y estar encamado. Todas estas cosas usurpan
nuestra independencia y encontramos que actividades que antes eran fáciles ahora requieren esfuerzo
y fortaleza. No en balde dice la calcomanía de para-
choques: «¡La vejez no es para cobardes!».

Hay otros aspectos de envejecer que son aún
más difíciles de soportar: la muerte de la pareja
o el inicio de la demencia. Una enfermedad ataca
de repente y uno se ve confrontado con su propia
mortalidad. Estos son temores muy reales, con los
cuales he lidiado personalmente.

A menudo, también tenemos remordimientos
acerca del pasado. Tal vez sentimos que no tuvimos
éxito en nuestra carrera, no ganamos el dinero que
podríamos haber ganado, o no ascendimos al nivel
que merecíamos. Tal vez deseemos haber criado

a nuestros hijos de manera diferente. A modo personal, siento que he perdido demasiadas oportunidades para expresarles amor a otros.

Pero pensar demasiado sobre esto sólo crea amargura y nos aísla de los demás, inclusive de nuestros familiares queridos. La mejor manera de lidiar con los desastres o enredos que hayamos creado en nuestra vida o con las cargas difíciles que llevamos es aceptar la gracia de Dios de cara al futuro.

Tal vez esta sea la clave para aprovechar al máximo los últimos años de vida. En vez de concentrarnos en nuestros remordimientos, podemos optar por darle gracias a Dios por la vida que hemos vivido. Meister Eckhart decía que con el avance de la vejez, al final debería quedar solamente una frase en nuestro vocabulario: «Gracias». Ese sentimiento de agradecimiento no viene fácilmente. Pero cuando llega, nos damos cuenta de que está comenzando una fase emocionante de nuestra vida en la cual todavía podemos contribuir, de diferentes maneras, al bien de la humanidad.

Leslie Underwood, una soltera de sesenta y cinco años de edad, que pertenece a mi iglesia, ha sido ciega desde su juventud. En vez de rebelarse contra las dificultades adicionales del envejecimiento, descubrió una forma mejor.

La vejez es una bendición para mí. La gracia de Dios y la sabiduría me han llevado a una vida más tranquila. Y me doy cuenta de que la vejez puede ser un regalo que se les da a los jóvenes. ¿Alguna vez has observado cómo los niños muy jovencitos se sienten atraídos hacia los viejos? ¿No es eso parte del plan de Dios?

Cuando muera, espero ser vista como un regalo para aquellos que están tan temerosos y perplejos acerca del final de su vida. Yo antes pensaba en la muerte como un valle de transición, oscuro y misterioso, que se debía evitar. Pero desde que me convertí en cristiana, hace unos quince años, la eternidad se convirtió en algo real, y gran parte de mi temor hacia la muerte ha desaparecido. Espero en las promesas del Señor y de verdad puedo decir: «Muerte, ¿dónde está tu aguijón?».

Todavía tengo mis lamentos acerca del pasado. Mi vida no fue fácil. Me crié en un ambiente caótico donde había alcohol, violencia, ausencia parental y abandono. Pero pude ir más allá de mí misma al convertirme en trabajadora social y ayudar a personas que otros no querían. Para algunos de ellos, el temor a la muerte era más real e inmediato que el mío. Ahora vivo con otros cristianos y el temor y la desconfianza están decreciendo gradualmente, reemplazados por la aceptación y el amor, que conducen a la paz espiritual.

A menudo me pregunto cómo ayudar a una persona mayor a aceptar y abrazar la voluntad de Dios. Es tan importante ayudar a los demás en vez de pensar únicamente en nosotros mismos. Si dejamos pasar estas oportunidades, nos ensimismamos y perdemos de vista a los demás. Fácilmente perdemos la perspectiva y nos convertimos en personas amargadas o enojadas. Más que nada, tenemos que aprender a perdonar las heridas causadas por otros. Cuando perdonamos, nos liberamos y comenzamos a ver incontables oportunidades para contribuir.

La jubilación del empleo puede proveer el tiempo para hacer estas contribuciones. Lamentablemente, muchos consideran la jubilación como una época para realizar sus sueños, para su propio placer, o como una época que hay que temer, llena de soledad y horas vacías. No hay ni una duda de que representa un cambio drástico: por ejemplo, aprender a convivir con la pareja nuevamente después de años de haber estado fuera de la casa durante gran parte del día. Tal vez extrañemos las responsabilidades y autoridad que teníamos en el trabajo. O sencillamente nos hace falta mantenernos ocupados. Pero si encontramos algo por lo cual vivir, una causa o propósito que necesita dedicación y esfuerzo, entonces siempre tendremos una razón para levantarnos por la mañana. En estos últimos años, he encontrado satisfacción en conversar con estudiantes de secundaria y universitarios acerca del perdón y la reconciliación como parte de un programa titulado «Romper el Ciclo».

No hay que estar en buena condición física para servir. Siendo octogenario, Peter Cavanna, quien dominaba varios idiomas, iba una vez a la semana a visitar a los confinados en la cárcel. Cuando los presos eran trasladados a otras cárceles, él se mantenía en contacto con ellos por correspondencia. Con el tiempo, sostuvo correspondencia con casi cuarenta prisioneros, tanto en inglés como en español. Su correspondencia con los internos no sólo los animaba a ellos —algo que a menudo le expresaban— sino que también le brindó satisfacción en sus últimos años de vida. A menudo les contaba a quienes se encontraban a su alrededor cómo les iba a sus corresponsales.

Todos podemos encontrar algo que nos brinde un sentido de satisfacción. ¡Es tan importante dar gracias cada día por algún pequeño detalle de belleza, ya sea un amanecer, el cantar de un pájaro o la sonrisa de un niño! Tal vez haya una planta en la ventana o un alimentador para pájaros en el balcón que necesite atención. Nunca pierdas la oportunidad de ofrecerle una sonrisa o una palabra amable a otra persona, sea un amigo, un extraño o tu pareja. Si todavía podemos leer, ahora que por fin tenemos tiempo para hacerlo, podemos ponernos al día con los clásicos de la literatura o simplemente escuchar buena música clásica. A mí siempre me han encantado las obras de compositores como Bach y Handel.

Siempre he disfrutado de compartir una buena comida y una cerveza fría con la familia y las amistades en los fines de semana. ¿Habrá algo más maravilloso que compartir el pan con otros? Como dijo Jesús: «Porque donde dos o tres se reúnen en mi nombre, allí estoy yo en medio de ellos» (Mateo 18:20). Todo lo que lleva a la comunidad añade riqueza a nuestras vidas.

Claro está, desarrollar comunidad requiere tiempo. Pero eso es otra cosa que he aprendido en mi vejez: dejar de estar corriendo de una cita a otra y, en vez de eso, sacar más tiempo para compartir con mi esposa, mis hijos, mis nietos y los otros niños del vecindario. El tiempo dedicado a la soledad también es valioso. El silencio contemplativo al aire libre en apreciación de la creación de Dios es beneficioso para el alma y cuerpo. A veces, simplemente «ser» es más importante que «hacer».

Josua Dreher, un primo de mi esposa, es un ejemplo excelente de alguien quien, a pesar de muchas dificultades, encontró satisfacción al final de su vida en sencillamente «ser». Nos criamos juntos en Paraguay. La vida en la selva era emocionante, pero también difícil. Cuando Josua era un adolescente su madre falleció inesperadamente, dejando atrás nueve hijos. Esto lo afectó profundamente.

Unos años más tarde, Josua se mudó a los Estados Unidos. Entabló amistad con una joven y se comprometieron para casarse. Unos días antes de la boda, rompió el compromiso y regresó a Paraguay sin siquiera despedirse de su prometida y sus amistades.

Luego nos enteramos que se había convertido en vaquero y vivía en la zona rural. Se asentó, se casó con una mujer paraguaya y crió una familia. Entonces, otra tragedia lo sacudió. Su primer hijo falleció en la infancia. Él siguió adelante como buen soldado hasta que su segundo hijo falleció de cáncer a los veintidós años. Al año, su esposa murió de tanto sufrimiento.

Josua sabía que su vida no era lo que debiera ser. Comenzó a buscar algún sentido para su vida, paz para su corazón, y después de casi cuarenta años regresó a los Estados Unidos. Rápidamente hizo las paces con todos a quienes había herido cuando se había ido tan repentinamente años atrás.

Asombrosamente, Josua no se pasaba pensando sobre sus fracasos anteriores o las terribles desgracias que había sufrido. En vez de eso, constantemente expresaba su agradecimiento por todo lo que la vida le había brindado. Comenzó a dar clases de artesanía en un programa de horario extendido después de clases para transmitir sus conocimientos de carpintería y trabajo en cuero. A Josua le encantaban los niños y les enseñaba a apreciar las maravillas y bellezas de la naturaleza y a respetar la creación de Dios.

Poco tiempo después, a él también le diagnosticaron cáncer. Pero una vida difícil en tierras escabrosas lo había curtido y sufrió sin quejarse. Vivía completamente en el presente, sin rumiar el pasado ni temiéndole al futuro. Los niños venían a verlo en bandadas; le rodeaban la cama con dibujos en crayola y racimos de flores raquíticos. Según se acercaba el final de su vida, su rostro emanaba agradecimiento, en vez de amargura. Era un hombre que estaba en paz con su creador.

Todos tenemos que aprender a buscar la manera de jugar las cartas que la vida nos ha deparado.

Al volver nuestra atención hacia otras personas, el dolor físico y las relaciones rotas pueden ser redimidos. Alice von Hildebrand, una antigua profesora de filosofía en Nueva York, es nonagenaria. A ella se le ha hecho más fácil aceptar la vejez porque tiene una razón para vivir.

Cuando todavía enseñaba, viajaba en el tren subterráneo y observaba las caras de la gente: aburrimiento, desesperanza y tristeza. ¡Todo esto en el país más rico del mundo!

Pero en el momento que tienes una relación con Dios —y le das gracias por tu existencia, por amarte, por ser tu salvador— entonces puedes establecer una relación hermosísima con las demás personas. Uno se ama y apoya mutuamente. Uno se da cuenta que el significado de la vida no está en los lujos y la diversión, sino en ayudar. Una vez comienzas a irradiar alegría, tarde o temprano la gente se va a preguntar: «¿Cuál será su secreto?» Y entonces, suavemente, sin sermonear, sin decir «yo soy mejor que tú», sencillamente compartes. Después de todo, el significado de la palabra «evangelio» es «el mensaje feliz».

Eso es lo único que podemos hacer. Evidentemente, hay momentos de oscuridad y de desánimo. Hay ocasiones en que perdemos de vista la hermosura del cielo porque hay nubes. Pero un buen día sales de eso. Estamos hechos para la alegría. No esperes el Paraíso en esta tierra. Pero sí, hay significado, y es el amor de Dios.

Todos podemos encontrar tal significado en nuestra vida. Cuando lo hagamos, también encontramos la fortaleza y la gracia para aceptar los cambios que acompañan la vejez.

Alice von Hildebrand
«Estamos hechos para la alegría».

3

Combatir la soledad

Aun aquellos entre nosotros, quienes aparentan tener la vejez soñada, admitirían que los sentimientos de vacuidad y soledad nos afectan a todos. ¿Cuántos ancianos cenan solos cada noche o viven solos en centros de vida asistida, apoyados económicamente por hijos que están a millas de distancia? Puede ser que algunos de ustedes estén leyendo este libro en un hogar de ancianos o encerrados en sus propios apartamentos.

Dentro de cada uno de nosotros existe un anhelo por vivir en comunidad, por compartir lo que tenemos con otros. Dios nos ha creado como seres comunitarios, no como ermitaños. No importa si somos viejos o jóvenes, si estamos enfermos o saludables. Nos corresponde estar acompañados,

y este compañerismo nos da plenitud. Naturalmente, esto es algo que sabemos de forma innata.
Muchos veteranos me dicen que han regresado en
múltiples ocasiones a servir en las fuerzas armadas
en ultramar, motivados por el sentido de familia
y comunidad que tenían con sus compañeros de
armas. Ex miembros de pandillas también me han
dicho que los lazos con su «familia de la calle»
eran más fuertes que con su familia biológica. En
las escuelas, los entrenadores y maestros a menudo
encuentran que son los únicos que brindan una
familia a sus estudiantes.

En tanto la sociedad se vuelve más fragmentada,
con frecuencia son los viejos los que más sufren.
Les duele la falta que les hace sentirse parte de una
familia y de una comunidad. Según mi experiencia, nos hace falta vivir en entornos comunitarios,
donde no solamente podemos ser atendidos, sino
que podemos continuar contribuyendo, amando y
compartiendo. En Gálatas se nos dice que debemos
«ayudarnos unos a otros a llevar nuestras cargas,
y así cumpliremos la ley de Cristo» (Gálatas 6:2).

Esto significa dar de comer al hambriento, vestir al desnudo y cuidar al enfermo. Ken Johnson, un médico jubilado, trabajó fuera del país durante muchos años. Después de regresar a los Estados Unidos, al cabo de un tiempo, fundó varias organizaciones dedicadas al tratamiento de los problemas que implica el cuidado de los ancianos.

La vejez no debería ser un retraimiento de los sistemas sociales. Sin embargo, los viejos mismos contribuyen al estereotipo social de su inutilidad. En vez de orientarse con anticipación hacia una vida más placentera pero con significado todavía, o de hacer una diferencia en las vidas de otros, muchos aceleran el proceso de envejecimiento compartiendo únicamente con otras personas de la tercera edad, sentados frente a la televisión durante horas, comiendo meriendas, ojeando sólo los titulares de los tabloides y tomando múltiples pastillas de los muchos médicos que visitan con regularidad. A causa de esto, muchos se deprimen o sucumben al alcoholismo.

En toda comunidad existen personas muy ancianas con discapacidades serias que viven solas, sin apoyo familiar, social ni financiero adecuados. Sus hijos y nietos están dispersos a grandes distancias o viven en lugares con espacio insuficiente para poder acomodar a un padre anciano. Pero, envejecer con dignidad depende muchísimo de la familia de tres generaciones o su equivalente en vecinos y comunidad que sustituyen a la familia extendida.

Para lidiar con estos problemas, concebí un conjunto de iglesias, templos y mezquitas de la nación, que conformaban coaliciones locales de fe para reclutar y adiestrar voluntarios, muchos de ellos ancianos también, para atender las necesidades de personas con discapacidades serias y apoyo social inadecuado y, al hacer esto, cumplir con su destino espiritual. Todas las grandes religiones del mundo convocan a sus fieles a socorrer a los desamparados.

En nuestros programas, los voluntarios manejaban la correspondencia de la persona: se aseguraban que los cheques fueran al banco, que se pagaran las cuentas de las utilidades, y que hubiera suficiente comida en la nevera. Los voluntarios cobraban vida con tareas sencillas: llevar a un anciano a la oficina del médico, hacer reparaciones menores a escalones y pasamanos o cambiar una bombilla.

Los ancianos que recibían esta atención experimentaban un alivio de su sentido de inutilidad y abandono. Sentían restaurada su dignidad. Podían recibir un baño caliente. Tenían el pelo y la ropa arreglados. Eran personas que importaban porque alguien les había demostrado preocupación por su bienestar. Aquellos quienes desconfiaban de los trabajadores sociales «del gobierno» confiaban y esperaban con anticipación las visitas de «la gente de la iglesia».

En una ocasión, uno de los cuidadores me escribió diciendo que, antes de ser voluntario, ocupaba el día haciendo cosas como visitar a los nietos. Estaba contento con eso, pero decía que desde que se había convertido en voluntario, se sentía «especial» porque ahora «alguien *verdaderamente* depende de mí».

Los beneficios de esos programas fueron enormes, aunque no se hacía nada «importante». Todo se trataba de un pequeño, pero importante, servicio de amor para otro ser humano. Hay personas de todas las profesiones que sirven con gallardía durante años; pueden ser famosos, importantes y tener muchos amigos, sin embargo también son olvidados rápidamente en la vejez. Dios tiene una medida diferente del valor humano. A medida que vamos envejeciendo, debemos reconsiderar cómo valoramos las contribuciones de cada uno. No tenemos que sobresalir ni ostentar nuestros logros ante los demás.

Charlie Simmons halló una nueva felicidad en su vejez, en una forma simple. Sus contribuciones a la sociedad no eran grandes, pero sí eran importantes. Residente de toda la vida de la ciudad de New York, se mudó al norte del estado después de su carrera como chofer de camiones y autobuses. Después de que falleció su querida esposa, Margie, comenzó a compartir con nosotros durante la cena y los servicios religiosos.

No pasó mucho tiempo antes de que Charlie se sintiera completamente en su casa. No perdió ni una oportunidad para señalarles a las personas la paz y alegría que había encontrado en su fe sencilla, como la de un niño, y se daba cuenta cuando otra persona estaba atravesando un mal día. A menudo decía que mantenía un perfil bajo, pero lo decía riéndose, ya que sabía que nada podría estar más lejos de la verdad: medía más de seis pies de altura, prefería proclamar lo que fuera a los cuatro vientos y no soportaba cuando la gente susurraba. Le gustaba decirle a la gente en voz alta: «tú cantas muy bien», «te ves bien para tu edad», o «¡me parece que has bajado de peso!».

Le encantaba contar historias, como la de la ocasión en que se comió treinta y cuatro panqueques en una competencia y tuvo que «descargarlos» detrás de un árbol camino a su casa —alegaba que el árbol estaba creciendo asombrosamente bien a causa de ello— o cuando se durmió durante la colecta en la iglesia y de todos modos le sacaron el cheque del bolsillo. Pero se encontraba en su mejor forma cuando se acercaba a los demás: regalándoles flores, helados o manzanas de la localidad para su cumpleaños o aniversario.

Charlie sentía un amor profundo por Jesús. Después que comenzó a asistir a nuestra iglesia, conversé con él en muchas ocasiones acerca del bautismo de adultos y el perdón de los pecados. Tampoco tenía ningún temor de dar testimonio de Jesús. Durante los servicios de la iglesia siempre respondía con un «amén» en voz alta cuando alguien predicaba. Y siempre que cantábamos un himno, invariablemente concluía el último verso con un fuerte «¡alabado sea Dios!»

Charlie me demostró cuán fácil puede ser combatir la soledad y la depresión. Las posibilidades son ilimitadas. ¿Hay algún niño cerca de ti que necesita compartir individualmente con un adulto? Invítalo a jugar un juego, ayúdalo con la tarea escolar, o léele un cuento. Puede ser que a una vecina anciana le haga falta alguien que la acompañe a una cita, o tal vez sólo le haga falta que alguien se acuerde de ella con una tarjeta en su cumpleaños. Es sólo cuando nos aferramos al pasado, y utilizamos nuestra antigua medida para valorarnos a nosotros mismos, que nuestros cuerpos nos parecen decrépitos ante la comparación. Si fijamos la atención en lo que podemos dar, y no en nuestras limitaciones, seríamos capaces de aceptar nuestro nuevo rol.

Parte de lo que puede hacernos dudar en depender más de otras personas es que pensamos que podemos representar una carga para ellos. Para Charlie, con su personalidad extrovertida y bulliciosa, esto no era un problema. Pero no todos tenemos esa confianza. Tal vez tu propia familia te ha hecho sentir que eres una carga, o has sido despedido de una empresa u organización antes de que pensaras que se había agotado tu utilidad. Yo conozco personas que son profundamente amadas y atendidas, pero aun así sienten que son una carga, porque hay que hacer todo por ellos. Estos sentimientos de culpa son reales, pero no son imposibles de superar si podemos encontrar la humildad que acepte y acoja nuestra nueva condición.

Charles Sinay descubrió esto cuando una enfermedad lo incapacitó después de toda una vida de enseñar y ayudar a otros, y él mismo tuvo que encontrar cómo aceptar ayuda. Para recibir esa ayuda, tenía que estar físicamente con otras personas, en comunidad. Al principio esto se le hizo difícil, pero con el tiempo sus sentimientos de incapacidad y depresión se convirtieron en alegría.

Charles era amante de los idiomas y, después de aprobar varias licenciaturas avanzadas, estuvo años enseñando inglés en lugares como Corea, Japón, las islas del Pacífico y América Central. Aunque era un lingüista consumado, su amor más grande lo guardaba para los incontables niños a quienes enseñó a través de los años. De hecho, fue el trabajo de maestro lo que le comprometió la salud y le acortó la vida significativamente. Después de años de descansar el codo sobre el borde de los escritorios de los niños, mientras les brindaba asistencia individual, desarrolló una bursitis que se infectó gravemente y lo llevó a la unidad de cuidado intensivo cuando la infección se le extendió al corazón y los pulmones.

Cuando estaba perdiendo la salud, Charles se comunicó con mi iglesia y preguntó si sería posible que él fuera bautizado y perdonado por sus pecados. Era una persona profundamente espiritual que sentía una indignación creciente por la apatía de las iglesias ante las injusticias en el mundo. Además, se sentía cada vez más atraído hacia la comunidad cristiana según se describe en los primeros capítulos del Libro de los Hechos.

Una pareja de nuestra congregación fue a visitarlo en el hospital. Estuvieron días discutiendo los fundamentos más importantes de la fe: el arrepentimiento, la confesión y el perdón de los pecados. Charles entendía que la necesidad más grande de la humanidad era la necesidad del perdón. A través de esas conversaciones, Charles se dio cuenta que necesitaba tener mucha más compasión y comprensión por su padre autoritario, quien había sido profundamente lacerado internamente por sus experiencias durante la guerra de Corea. También sentía una culpa individual por perder la esperanza en la vida durante sus momentos más difíciles.

Luego de varios días, Charles fue bautizado. En el cuarto del hospital las palabras de Jesús cobraron realidad para un hombre enfermo: «No son los sanos los que necesitan médico sino los enfermos . . . Porque no he venido a llamar a justos sino a pecadores» (Mateo 9:12–13).

Al final, Charles vino a vivir a mi comunidad. Al principio se sentía abrumado al verse inmerso repentinamente en un ambiente rebosante de gente y actividad, ya que había estado acostumbrado a un estilo de vida mucho más contemplativo. Aunque a veces era independiente y distanciado, pareció captar la importancia de rodearse a sí mismo con creyentes que pudieran ayudarse mutuamente durante épocas de dificultades. Varios meses más tarde nos dijo:

> A veces cuando me encuentro apesadumbrado por el pecado, comienzo a rebuscar mi alma y mente y encuentro todo tipo de excusas que actúan como un ungüento o bálsamo en la herida. Pero lo que más me ha ayudado es un verso de uno de los Salmos. Me ha brindado consuelo durante muchos años. Sencillamente dice: «Quédense quietos, reconozcan que yo soy Dios». Cuando me permito quedarme quieto —dejo de tratar de agarrar la soga como alguien que se ahoga y simplemente me dejo ahogar— encuentro que me rescatan, ya sea directamente a través de Dios o a través de otra persona que Dios envía.
>
> Durante muchos años yo había estado buscando algún tipo de comunidad. Pero creo que después

de que me enfermé no estaba buscando comunidad tanto como sintiendo lástima por mí mismo. Estaba cansado de entrar y salir del hospital, de necesitar oxígeno y medicamentos y de no hacer las cosas que hacía antes. De repente, me recogieron del hospital y me trajeron aquí. Pero aun así, no era comunidad lo que estaba buscando. Lo que estaba buscando era un lugar donde pudiera hacer las paces con Dios y morir.

Después de estar aquí, rodeado de gente, aunque fuera por solo pocas semanas, mi plan empezó a cambiar. Empecé a sentir resentimiento hacia el cambio. La gente me molestaba. Todavía quería aferrarme a mi plan de sólo hacer mi paz con Dios y morir porque no podía hacer muchas de las cosas que me gustaba hacer.

Pero, finalmente, ya no podía más con eso de sentir resentimiento o rechazar a la gente. Lo que verdaderamente quiero es pedir «Perdón» con letra mayúscula. Hay cosas que no puedo hacer, pero he aprendido que hay tantas cosas nuevas que sí puedo hacer. Si ha habido algún momento en mi vida en que haya sido más fácil ver la cara de Cristo en la gente que me rodea, ha sido aquí. Quiero vivir lo más que me sea posible.

La historia de Charles demuestra la importancia del vecindario y la comunidad. No importa cuán exitosos o independientes hayamos sido anteriormente, cuando empezamos a darnos cuenta que nuestras facultades han mermado, debemos recurrir a los demás. Entonces encontraremos el propósito que tan desesperadamente necesitamos.

Padre Aldo Trento
«Nunca eres tan viejo que no puedas servir a otros».

4

Encontrar propósito

LA MAYORÍA DE LA GENTE reflexiona acerca
del significado de envejecer o busca propósito y
determinación al final de la vida. Muchos se hacen
la pregunta: «¿Cómo puedo lograr que mis últimos
años sean más placenteros, más emocionantes?».
No sería mejor preguntar: «¿Cómo podría Dios
utilizar mis últimos días para su propósito?».

Tal vez Dios nos pueda utilizar mejor cuando
damos en vez de recibir. La vejez provee muchas
oportunidades singulares para dar, sin importar
cuáles sean las circunstancias de uno. En innumerables ocasiones he visto cómo personas de mi
edad hacen cosas importantes. A menudo pienso
en las muchas abuelas que mantienen sus familias
unidas y en todos los abuelos que sirven en juntas o

comités sin remuneración. Dedican muchas horas de servicio a la iglesia, su club Rotary, organización de veteranos o comedor de beneficencia local. A menudo cuidan los nietos mientras sus hijos están en el trabajo y no pueden costear el servicio de guardería infantil.

Los servicios sencillos que estas personas realizan son de valor incalculable y no solamente en términos de lo que producen. Mucho de lo que contribuyen los ancianos no se puede medir en dólares y centavos. Dios nunca pregunta: «¿cuánto dinero ganaste?», «¿cuánto éxito tuviste?» o «¿cuánta influencia tuviste sobre la gente?». No hay nada en la vida más esencial que dar y servir.

Particularmente podemos darles a los niños, ya que tenemos el tiempo para dedicarle a un niño atención personal. Por ejemplo, con nuestra abundancia de conocimiento de historia mundial o de algún otro tema, podemos darle tutoría a un niño que necesite ayuda especial. Mis propios hijos se beneficiaron grandemente de ayuda como esa en temas tales como las matemáticas y la historia.

Los niños enriquecen a través de su contacto con nosotros y, aún sin darnos cuenta o desearlo, podemos convertirnos en ejemplo para ellos. Estas relaciones no tienen que ser complejas; mi esposa y yo hemos descubierto que a veces lo único que la gente necesita es alguien que la escuche. Pero si podemos hacer más, debemos hacerlo. Cuando llevamos a un niño o un adolescente a pescar, dar una caminata, a un evento deportivo o un concierto, forjamos una amistad que permanecerá con ese niño durante toda su vida.

El apóstol Pablo nos dice que uno de nuestros deberes cuando envejecemos es transmitir sabiduría a la próxima generación.

A los ancianos, enséñales que sean moderados, respetables, sensatos, e íntegros en la fe, en el amor y en la constancia . . . A los jóvenes, exhórtalos a ser sensatos. Con tus buenas obras, dales tú mismo ejemplo en todo. Cuando enseñes, hazlo con integridad y seriedad, y con un mensaje sano e intachable. Así se avergonzará cualquiera que se oponga, pues no podrá decir nada malo de nosotros (Tito 2:2, 6–8).

En años recientes, he hecho un esfuerzo mayor por cumplir con esto, dedicándoles más tiempo a mis nietos en la esperanza de ser una influencia positiva en sus vidas. Les he enseñado a varios de ellos a manejar, y las horas en el vehículo, aunque a veces no aptas para cardíacos, proveyeron muchas oportunidades para compartir experiencias de vida.

Cuando uno de mis nietos, Timothy, estaba en la escuela intermedia, lo invité a que nos acompañara a mi esposa y a mí en nuestras caminatas matutinas porque quería enseñarle pensamiento crítico. Me había olvidado de las circunstancias precisas hasta que él escribió sobre una de estas excursiones unos años más tarde en la escuela superior.

Mientras caminábamos, Opa presentó su argumento. Comenzó sonando muy razonable. «Sabes, Timothy, me parece que es hora que dejes de cuidar abejas. Son una carga para tu padre, no te han producido gran cosa, y son demasiado trabajo para tu familia. A mí me gusta la miel pero, por lo que he visto, no vale el precio de las colmenas o el gasto de dinero y el tiempo que requiere criar tus propias abejas. Ahora bien, dime lo que tú piensas».

Era un cálido día de primavera. Podía escuchar a los pájaros cantando y oler el asfalto mojado después de la lluvia mañanera. «Bueno, siempre he disfrutado al cultivar abejas. Hacen miel buena. Disfruto trabajar con mi papá. Ehhh... no sé». Entonces se molestó. «¿Cómo que no sabes? ¡Usa la cabeza! ¡Piensa! Acabo de decir algo con lo que no estás de acuerdo. Y ahora, ¿qué vas a decir?».

Yo estaba destruido. ¿Qué se suponía que hiciera? Después de todo, ¿quién discute con su abuelo? Miraba al suelo.

«Bueno, ¿qué vas a decir?».

En ese instante recordé algo que había leído en una ocasión acerca de la importancia de tener polinizadores. «Opa, leí un ensayo hace mucho tiempo. Si mal no recuerdo, decía que si nadie cultivaba abejas, el mundo se acabaría en siete años. Ahora, ¡refuta eso si puedes!».

Él se puso contento. «¡Madre mía! ¡Yo no sabía eso!». Y entonces se puso serio. «Escúchame, Timothy, te voy a decir por qué te hice esa pregunta. Quiero que crezcas sabiendo cómo pensar. A ti te gusta leer, y eso es formidable. Pero Dios te dio una mente y tienes que aprender a utilizarla. La manera en que vas a aprender a utilizarla es comunicándote con los demás. Nunca te olvides de eso».

Nunca lo olvidé. Continuamos la caminata y Opa siguió hablando en voz cada vez más alta: «¡Yo pienso que Dios ni tan siquiera creó las abejas! ¡Son un invento del diablo! ¡Explícame por qué Dios crearía algo con un aguijón!». Yo estaba un poco nervioso, pero escuché a mi Oma reírse y cuando miré al rostro de Opa, vi que me guiñaba un ojo en señal de broma.

Los encuentros como éste tienen valor para el futuro y hay que atesorarlos. Las sociedades antiguas entendían esto mejor que nosotros. Kent Nerburn escribió acerca de un anciano nativo americano que dijo:

> Si visualizas la vida como una línea recta, en la que los muy jóvenes y los viejos son débiles y aquellos en el medio son fuertes, y si piensas que para ser importante hay que ser útil, no ves el valor de los muy jóvenes y de los viejos. Los ves como cargas, en vez de como dones, porque no pueden usar las manos para ser útiles a la comunidad.

Pero tanto los muy jóvenes como los viejos
tienen otros dones . . . Los viejos tienen la sabiduría
que viene de la experiencia. Han viajado lejos en
el camino de la vida y nos imparten conocimiento
acerca de nuestro propio camino por delante. Han
vivido lo que nosotros todavía estamos esperando
aprender . . .

¿Comprendes cómo los niños son un don para
los ancianos y cómo los ancianos son un don para
los niños? ¿Cómo es que completan el círculo de la
vida al igual que la mañana y la tarde completan el
círculo del día?

Otro servicio valioso que podemos brindar es
nuestra experiencia con las muchas preguntas
difíciles de la vida. El personaje bíblico de Job
nos plantea: «Entre los ancianos se halla la sabiduría; en los muchos años, el entendimiento»
(Job 12:12). A veces la juventud posee un aura de
invencibilidad, pero ésta queda destrozada rápidamente ante los fracasos y esperanzas incumplidas.
Cuando los jóvenes se embarcan en el camino de
la vida y comienzan pasar por malas rachas, nosotros podemos proveerles balance y restablecerles la

confianza. Ya sea que lo vean así o no, las personas que han atravesado muchas tormentas poseen mucha sabiduría.

El Padre Aldo Trento, un sacerdote en el Paraguay que trabaja con los pobres, ha presenciado esto de primera mano.

La grandeza de la vejez es que el viejo tiene sabiduría, que es fundamental para los jóvenes. Un joven, que está por enfrentar la vida, tiene miles de problemas, ¿no? Cuando veo a un anciano más adelante, veo cómo él camina, seguro, y cómo desmitifica tantos problemas que hay. Uno se siente más seguro, ¿no? Si tengo que ir a hablar con alguien, lo hago con una persona de mayor edad. Me siento más ayudado. No solo me comprende, también me indica el camino . . . Si me dirijo a un joven. ¿Qué me dice? ¿Sí? ¿Qué me dice? ¿No? No tiene experiencia. Experiencia significa no solamente hacer, sino también juzgar. Che, cuando yo pienso en los ancianos, en su sabiduría, que han experimentado, que han juzgado . . . Por eso te dicen: «Hijo mío, éste es el camino. Te conviene». Esto para mí es la figura del anciano: acompañarnos en la vida.

También podemos inspirar a los jóvenes con nuestra fidelidad, dedicación y entusiasmo en cosas pequeñas. Vince y Jean DeLuca son una pareja anciana de un pueblo vecino. Los conocí en uno de los partidos de fútbol de la escuela superior de mi hijo cuando me prestaron un paraguas durante un aguacero inesperado. Vince había jugado en el equipo de fútbol años atrás, y él y Jean todavía asisten a cada partido. Él siempre está presente para animar a los jugadores, agradecerles sus grandes esfuerzos, celebrar sus victorias y acompañarlos en las derrotas, siempre recordándoles que existe una vida más allá del fútbol.

Vince se hizo cargo del negocio de lavandería familiar cuando su padre falleció. Su padre le enseñó a trabajar duro y siempre dar lo mejor de sí al cliente. Hasta el día en que se casó, le entregó a su padre todos los cheques que recibió. El día de bodas su padre lo sorprendió, dándole una libreta de banco con todo el dinero.

Vince y Jean continuaron administrando su negocio hasta hace unos años, cuando ambos eran ya octogenarios. Siempre fue algo más que una lavandería. Era un lugar donde la gente podía ir a compartir sus problemas y encontrar un oído atento, compasión, ánimo y, a menudo, apoyo material o financiero.

Cuando conocí a Vince, ya tenía sesenta y pico de años, y le expresé mi asombro por las horas que trabajaba. «Yo solo trabajo media jornada», me dijo. «¡No puedo esperar la llegada de cada nuevo día!». Se levantaba a las cinco de la mañana, se iba al trabajo con una vianda de almuerzo y cerraba el negocio para regresar a casa después de las cinco de la tarde. Para Vince, un día de doce horas era medio día de trabajo.

Pero Vince y Jean no se detuvieron ahí. Ahora que ya no tienen el negocio, dedican sus días a servir de voluntarios en la localidad, sirviendo de mentores para voluntarios más jóvenes e inspirándoles a esforzarse en la vocación que tengan. Según Vince y Jean van envejeciendo y debilitándose físicamente, tal parece que se vuelven más fuertes espiritualmente. A fin de cuentas, su inteligencia y éxito son poco comparados con la paz, sencillez y reposada alegría que brindan.

A Vince y Jean todavía no les hace falta que los cuiden; todavía gozan de buena salud y tienen el cuerpo sano. Pero, cuando comencemos a necesitar más ayuda, debemos recordar este punto importante: al permitirle a otros la oportunidad de cuidar de nosotros, en realidad podemos darle a los que dan. Al hacerlo, podemos ser un ancla para ellos en tiempos tormentosos. Jerome (nombre ficticio), un cuidador de personas dependientes, ayudando a los ancianos en sus hogares, descubrió esto en una coyuntura crítica de su vida.

Me sentía realizado en mi trabajo, pero mi matrimonio estaba naufragando. Después de mucha introspección, mi esposa, Judy, decidió dejarme y llevarse a nuestros cuatro hijos. Nos separamos, posiblemente de manera permanente.

Fue en ese momento que mis visitas diarias para atender en su casa a una pareja anciana, a quienes llamaré Tom y Rose, comenzaron a adquirir mayor significado. En retrospectiva, fueron una bendición en medio de la conmoción interior que sentía. Visitaba su hogar a menudo, y llegamos a conocernos muy bien. No habían vivido una vida fácil.

Tom combatió en la Segunda Guerra Mundial, pero no le gustaba hablar sobre ello. Picapedrero retirado, ahora tenía diabetes y utilizaba un andador. Rose había sufrido un derrame cerebral y además padecía artritis.

Hasta ese momento yo había mantenido la relación en un plano profesional. Les lavaba la ropa, los ayudaba a bañarse y ocasionalmente les preparaba la cena (les encantaban las comidas picantes mexicanas e italianas). A mí se me requería utilizar un uniforme de hospital en todo momento, lo cual hice hasta que Rose me pidió que, por favor, me presentara a trabajar en su casa en jeans y camiseta para que fuera como alguien de la familia, pues no querían alguien del «personal médico» con ellos. Entonces me pidieron que compartiera con ellos a la hora de comer, diciéndome que de lo contrario no se sentían bien. Les expliqué acerca de la política de la empresa con relación al uso del uniforme, mantener una relación profesional, y no aceptar regalos de clientes. Tom me dijo: «¿Por qué no te olvidas de la agencia? Éste es nuestro hogar, no de ellos. Yo soy el que pongo las reglas en esta casa. Tú te puedes considerar como uno de la familia».

Claro está, se dieron cuenta de que algo andaba mal cuando mi esposa y mis hijos me dejaron. Me dijeron que cuando yo quisiera, ellos estarían disponibles para mí y que podía decirles lo que fuera. Esa noche durante la cena les dije que ahora estaba solo y no estaba seguro de lo que el futuro me depararía. Me dijeron que harían todo lo que pudieran para ser sensibles durante esta época difícil. Preguntaron acerca de nuestros votos matrimoniales y me hablaron acerca de los de ellos: «Hasta que la muerte nos separe». En eso teníamos algo en común: mi esposa y yo nos habíamos prometido lo mismo. Ellos creían que las cosas entre nosotros se resolverían.

Recordaron una época difícil a principios de su propio matrimonio, que aun así había sobrevivido más de cincuenta años. Me aseguraron que orarían por Judy y por mí, y estoy seguro que lo hicieron.

Al cabo de un tiempo, su oración fue contestada. Cuando por fin pude volver con Judy y nuestros hijos unos meses más tarde, recordé el tiempo en que Tom y Rose me cuidaron a mí, mientras aparentemente era yo el que los cuidaba a ellos. Su fe en mí y en Dios me ayudó más de lo que soy capaz de expresar. Siempre recordaré el pasaje bíblico que Rose me leyó un día particularmente difícil: «Que aunque nuestro corazón nos condene, Dios es más grande que nuestro corazón y lo sabe todo» (1 Juan 3:20).

Tal vez, como ancianos, lo más importante que podemos ofrecer es la oración. El Papa Benedicto XVI habló sobre este tema hace unos años en un hogar de ancianos en Roma. (Me he reunido con Benedicto en varias ocasiones y en una de ellas, antes de ser elegido Papa, bendijo a mi nieto Timothy).

A veces, a una cierta edad, sucede que se mira al pasado, añorando cuando se era joven, se tenían energías lozanas, se hacían planes de futuro. Así que la mirada, a veces, se vela de tristeza, considerando esta fase de la vida como el tiempo del ocaso. Esta mañana . . . consciente de las dificultades que nuestra edad comporta, desearía decirles con profunda convicción: ¡es bello ser anciano!

Queridos hermanos y hermanas ancianos, a veces los días parecen largos y vacíos, con dificultades, pocos compromisos y encuentros. No se desanimen nunca. Son una riqueza para la sociedad, también en el sufrimiento y la enfermedad. Y esta fase de la vida es también un don para profundizar en la relación con Dios . . . No olviden que entre los recursos preciosos que tienen está el recurso esencial de la oración: háganse intercesores ante Dios, rogando con fe y constancia. Oren por la iglesia, también por mí, por las necesidades del mundo, por los pobres, para que en el mundo no haya más violencia. La oración de los ancianos puede proteger al mundo, ayudándole tal vez de manera más incisiva que la solicitud de muchos.

Hace unos años, una iglesia de la vecindad estaba esforzándose en busca de una manera de llegarles a sus jóvenes. Organizaron «compañeros de oración»: por un año combinaron a un anciano con un adolescente. No se reunían; lo único que tenían era el nombre de la otra persona por quien orar a diario. Al final del año la iglesia celebró un banquete en el cual los compañeros de oración se conocieron. Me dijeron que estaban asombrados por cuánto una idea tan sencilla había promovido una conexión genuina y afectuosa entre jóvenes y viejos.

En ocasiones un programa como ese puede llevar a amistades duraderas, pero esto no siempre es posible. Aun así podemos tocar el corazón de cada persona con quien nos encontramos, no importa cuán breve sea el encuentro. Parafraseando una historia que mi padre escribió cuando joven:

¿Por qué no utilizamos nuestro tiempo de una manera mejor? ¿No estamos conscientes de cuán corto es el tiempo que tenemos? El don más grande que tiene cualquier persona es una relación con los demás y con Dios. Uno debe buscar un verdadero encuentro con cada persona que encuentra. Es decir, un verdadero entendimiento de lo más profundo en esa otra persona. Un encuentro como ese no desaparece con el tiempo, que es fugaz, sino que permanece con nosotros y tiene valor duradero. Cada persona que conocemos es una oportunidad de acercarnos más a la verdad.

Si esto es lo único que podemos hacer en la vejez, debe ser suficiente. Esto puede ser un papel difícil de aceptar. Hasta Pablo luchaba con el deseo de morir y estar con Cristo y a la misma vez el deseo de permanecer y ayudar a aquellos en la tierra a quienes conocía y amaba (Filipenses 1:22–24). No importa cuánto tiempo nos queda por delante, debemos utilizarlo para llevar a otros a una más profunda relación en oración con Dios. Éste es tal vez el mejor regalo que podemos dar.

Winifred Hildel, una mujer vibrante de setenta y nueve años de edad que había sido mi vecina durante muchos años, fue sometida a una operación quirúrgica del corazón relativamente común. Pero surgieron complicaciones, y falleció repentinamente en el hospital. Esto representó una conmoción para su familia, que esperaba su regreso a casa en pocos días. Unas semanas más tarde, el cirujano principal le escribió la siguiente carta a su marido, Rudi, demostrando como la profunda fe en Jesús de Winifred había afectado las vidas de muchos con los cuales había tenido contacto.

> Gracias por haber tomado de tu tiempo durante esta época tan difícil para recordarme en tus pensamientos. Tu carta es sumamente impor-tante para mí y me ayuda a reafirmar que yo, como médico, no soy el que toma la decisión final de la

vida y la muerte. Es la voluntad de nuestro Dios la que nos guía a cada uno de nosotros a casa.

Winifred era una persona encantadora. Cuando hablé con ella, estaba claro que poseía abundante vida y estaba deseosa de compartir su entusiasmo con todos los que la rodeaban. Mientras ella estaba acostada en el hospital, rodeada de tantas amistades y familiares cantando y orando, sabía que ella había tocado muchísimas almas y yo tenía un gran deseo de que se curara. Sentía que perderla dejaría un enorme vacío en esas vidas. Ahora veo que, aunque estoy seguro de que la extrañan, no ha dejado atrás ningún vacío. Al contrario, ha dejado un legado de alegría, música y amor para ti y tus hijos. Esto hace que su pérdida sea un poquito más aceptable para mí.

No puedo despedirme sin decirles cómo tu fe y la fe de tu familia nos ha afectado a todos aquí en el hospital. Nunca antes habíamos presenciado la expresión del amor de Dios y el amor del uno por el otro de la manera en que las vimos alrededor de la cama de Winifred cada día. La tarea de cuidar de los enfermos nos causa cansancio y desgaste y, a veces, perdemos contacto con nuestros sentimientos. Se derramaron muchas lágrimas en la unidad cuando Winifred falleció —algo que no ocurre muy a menudo. Se derramaron porque fuimos renovados y se nos recordó por qué estábamos llamados a estar ahí. Gracias por esa renovación.

Aún al morir, podemos llevar a otros a Dios. La manera en que vivimos nuestra vida y enfrentamos la muerte puede tener un gran efecto en los que se quedan atrás. Henry Ward Beecher en una ocasión caviló:

Cuando el sol por fin cae bajo el horizonte al principio del atardecer, la evidencia de su trabajo permanece por un rato. El cielo continúa resplandeciendo durante una hora después de su partida. De igual forma, cuando la vida de una persona buena o grande llega a su ocaso final, el cielo de este mundo permanece iluminado hasta mucho después de que haya desaparecido de la vista. Una persona así no muere de este mundo, porque cuando se va, deja mucho de sí atrás y, aun estando muerto, continúa hablando.

No importa nuestra edad o salud, ninguno de nosotros verdaderamente sabe cuánto tiempo nos queda para tocar las vidas de aquellos que nos rodean. Con más razón debemos pedirle a Dios que nos ayude a utilizar la fuerza que nos queda para su propósito.

Christel Klüver

«Al estar con niños, te conviertes en niño de nuevo».

5

Mantener la fe

Según vamos envejeciendo, inevitablemente nos volvemos más achacosos. Esto trae consigo la incomodidad y la frustración, seguidas por el dolor físico y la angustia mental. A nadie le gusta sufrir; todos hacemos lo posible por evitarlo. Pero en este mundo existe mucho sufrimiento y pecado. No hay manera de evadirlo. Después de todo, Adán y Eva tras desobedecer a Dios fueron desterrados del jardín del Edén con la promesa de una vida de sufrimiento para ellos y su descendencia. Dios le prometió a la mujer: «Multiplicaré tus dolores en el parto, y darás a luz a tus hijos con dolor. Desearás a tu marido, y él te dominará». Y al hombre le prometió, «Te ganarás el pan con el sudor de tu frente» (Génesis 3:16–19).

Si nos esforzamos demasiado en evitar la enfermedad y el dolor, nos perderemos un aspecto importante del envejecer: el poder redentor del sufrimiento. Un aspecto de este poder es la manera en que nuestro sufrimiento nos abre las puertas al de los demás. Otro aspecto es la forma en que el sufrimiento nos puede hacer volver hacia Dios. Padecer sufrimiento puede compararse con refinar el oro en el fuego, preparándonos para nuestra meta final, que es estar plenamente unidos a Dios. El teólogo cuáquero, Thomas R. Kelly, cuyos escritos influyeron a varios de mis amigos en su búsqueda de Jesús, tenía un entendimiento profundo de esto:

A través del sufrimiento el corazón se estira y engrandece. Pero, ¡ay de la agonía de este engrandecimiento del corazón para que uno pueda estar preparado para entrar en la angustia de los demás! . . . Como dogma, la cruz es especulación sin dolor alguno; como sufrimiento vivo, la cruz es angustia y gloria. Sin embargo, Dios, del patrón de su propio corazón, ha plantado la cruz en el camino de la santa obediencia. Establece en los corazones de aquellos a quienes ama el milagro de la disposición de acoger el sufrimiento y reconocerlo por lo que es —el sello final de su amor misericordioso.

Hoy día, Damien y María se ríen al recordar la primera vez que sus miradas se encontraron. Teniendo en cuenta todo lo que han sufrido, la alegría que emanan es extraordinaria. Cuando hicieron sus votos matrimoniales, hace cincuenta años, no se hacían ilusiones. Desterrados a una leprosería aislada en el campo remoto del Paraguay, estaban rodeados de compañeros lisiados y desfigurados, víctimas de la enfermedad. Se preguntaban uno al otro si todavía se amarían cuando se les doblaran los dedos y se les secara y agrietara la piel.

Durante los primeros años de la enfermedad, cuando todavía no tenían tantas complicaciones, los medicamentos para tratar la lepra fueron donados para la distribución gratis a los leprosos. Pero, una administración corrupta demandó que los pacientes pagaran por los medicamentos. Cuando por fin Damien y María pudieron conseguir los medicamentos, ya era demasiado tarde; el daño a sus cuerpos estaba hecho. Damien se deprimió y se desesperanzó de la vida pero, cuando comenzó contemplando la naturaleza que le rodeaba y las estrellas del cielo, encontró paz, esperanza y la fuerza para perdonar. Ahora, ninguno guarda rencor.

Damien es un artesano talentoso, a pesar de sus manos lisiadas y dedos torcidos. Después de una cuidadosa observación del sol, talló un reloj solar de una piedra y lo puso en su jardín. Este reloj marca la hora, día y mes del año con precisión. Ahora su vista está fallando. En un último intento de terminar tallando una figura de madera de Francisco de Asís, sin querer, cortó los dedos del santo. Hoy día se entretiene atendiendo con esmero su jardín en el pedacito de tierra situado frente a la cabañita de madera que considera su hogar. María, confinada a una silla de ruedas y con una pierna amputada, no muestra nada de autocompasión. Damien declara con orgullo: «Ella es la administradora de la casa y maneja todo».

El amor entre ellos es notable y tierno. Damien dice: «Mantenerse juntos es dialogar, entenderse y no andar mal ni un día». Nunca dejan que el día termine sin resolver sus diferencias. La pérdida de audición de ambos crea retos nuevos, pero a menudo comprenden intuitivamente las necesidades y pensamientos del otro, sin siquiera hablar. «Cada día nos amamos más y nos entendemos mejor».

Si el sufrimiento no nos lleva a Dios, nos conducirá a la desesperanza y desesperación. Viktor Frankl, el psiquiatra austríaco que estuvo tres años en Auschwitz, descubrió lo que entendía era el asesino más grande de la gente: la pérdida de la esperanza. Frankl observó que aun cuando una persona era saludable, sucumbía rápidamente si perdía la esperanza o una razón para vivir:

El prisionero que perdía la fe en el futuro —en su futuro— estaba condenado. Con la pérdida de la fe en el futuro perdía, asimismo, su sostén espiritual; se abandonaba y decaía y se convertía en presa del deterioro físico y mental. Por regla general, éste se producía de pronto, en forma de crisis, cuyos síntomas eran familiares al recluso con experiencia en el campo. Todos temíamos este momento —no por nosotros, lo que no hubiera tenido importancia, sino por nuestros amigos.

De manera similar, Friedrich Nietzsche observó que aquel que tiene un «por qué» vivir puede soportar cualquier «cómo». He servido de consejero para muchos que carecen de este «por qué», este propósito. Al vivir en un infierno y no ver salida, sienten la tentación de pensamientos suicidas o de la eutanasia o, como se le dice eufemísticamente, «una muerte con dignidad».

Pero aun cuando la compasión es el motivo, está mal tomar cualquier vida humana. Dios nos creó a todos «en la imagen de Dios». Dado que él nos dio la vida, sólo él tiene el derecho de terminarla. El suicidio es una forma de rebelión contra Dios, una declaración de, «No hay esperanza para mí. Mi problema es demasiado grande, aún para Dios». El suicidio niega que la gracia de Dios sea mayor que nuestra debilidad.

Si nos encontramos en una situación como ésta, siempre podemos buscar a Dios y pedirle su compasión y misericordia. Aun cuando no aguantamos más, sin saber qué hacer, Dios nos quiere dar nueva esperanza y valor, no importa cuán profundamente sintamos que le hayamos traicionado. Dios está dispuesto a perdonar todo pecado. Solamente nos hace falta tener la humildad de pedírselo.

Cuando alguien se siente tentado por pensamientos suicidas, lo más importante que podemos hacer es demostrarle amor y recordarle que él, y cada uno de nosotros, fue creado por Dios y que todos tenemos un propósito que cumplir.

Puede ser atemorizante, pero también gratificante, ayudar a alguien a atravesar una depresión suicida. Veamos, por ejemplo, a Hugo Stahel, a quien conocí desde la infancia y que en muchas maneras fue un segundo padre para mí. Hugo era un hombre alto y trabajador, pero las dificultades que atravesó durante la vida por poco lo derribaron. Su hijo mayor se suicidó a los veintinueve años de edad. Esto fue devastador para Hugo y su esposa, y lo atormentó durante el resto de su vida.

En sus últimos años de vida, Hugo padeció de muchos males, físicos y espirituales. Perdió a su esposa. Luchaba con pensamientos suicidas e inclusive hizo algunos intentos. Yo pasé muchas horas con él, escuchándolo, recordándole que su muerte sería devastadora para su familia y todos los que lo conocían y querían. Hugo tenía una fe fuerte, pero a menudo dudaba de la presencia de Dios. Dudaba que pudiera ser perdonado por intentar poner fin a su vida. Sin embargo, en la medida que su fuerza física disminuía, su fe crecía y, al final, la oración y el amor parecían vencer todo lo demás. Hugo murió en paz y tranquilidad a los ochenta y siete años.

El suicidio y la eutanasia son las medidas más drásticas que nosotros, como seres humanos, tomamos para evitar el sufrimiento. Aun cuando nunca tengamos esos pensamientos, a menudo hacemos todo lo posible por evitar el sufrimiento a toda costa. Con demasiada frecuencia, cuando enfrentamos una situación médica, como nos ocurre a muchos de nosotros, solamente acudimos a profesionales, en vez de hacernos la pregunta: «¿Qué es lo que Dios quiere de mí?», o «¿Qué es lo que Dios me está diciendo a través de este problema?». El temor a una enfermedad grave o a la muerte ciertamente juega un papel, y tal vez muchos de nosotros sintamos más temor del que nos atrevemos a admitir. ¡Si tan sólo pudiéramos librarnos de este temor y concentrarnos en Dios!

La medicina juega un papel importante en la vida de la mayoría de los ancianos, pero puede ser tanto una maldición como una bendición. La sobre medicación en la vejez puede ser deshumanizante, y los que se asienten a cada prueba o procedimiento diagnóstico abren una caja de Pandora. Se descubren «problemas» que en verdad no son problemas, es decir, son condiciones que la persona pudiera tener al morir, pero no moriría a causa de ellas. Y, una vez descubiertos estos problemas, el doctor está obligado a resolverlos. Ahí comienza la pendiente resbaladiza en la que una prueba lleva a la otra. Tarde o temprano una de estas intervenciones puede resultar ser fatal a causa de una infección, complicación quirúrgica o interacción entre medicamentos.

Deberíamos preguntarnos si no estamos siendo engañados por la ciencia médica. Hoy en día prácticamente cualquier órgano del cuerpo puede ser reemplazado o reparado, y se esgrimen muchos buenos argumentos a favor de ello. Pero no olvidemos que en un pasado no muy distante, la gente vivía y moría sin recibir mucha atención médica. Aunque su expectativa de vida era más corta, vivían vidas fructíferas y productivas, tal vez más que hoy en día.

Durante toda mi niñez, Christel Klüver y su familia eran mis vecinos cercanos. Sus hermanos eran algunos de mis mejores amigos; estaban conmigo en las buenas y en las malas. Christel, quien era una vigorosa maestra de preescolar, fue atacada por la esclerosis múltiple cuando tenía poco más de cuarenta años. Ésta lentamente la transformó de una mujer activa y capaz en una persona que dependía cada vez más de las medicinas. Tal vez los medicamentos la ayudaron, pero a la larga ella entendía que posiblemente estaban impidiendo que viviera una vida más plena. Una de las personas que la cuidaba recuerda:

Cuando vine a cuidar a Christel, ella no tenía control sobre la parte inferior del cuerpo. Estaba padeciendo espasmos y dolor, y había comenzado a perder el ímpetu para mantenerse mentalmente y espiritualmente activa. Ésta había sido su característica más sobresaliente antes de que la atacara la enfermedad. Estaba tomando muchos medicamentos que la ayudaban a contrarrestar los problemas básicos pero tenían numerosos efectos secundarios. Estaba perdiendo la memoria y su sentido del tiempo y la cronología.

Ella comenzó a preguntarse: ¿He puesto más fe en la medicina que en Dios? Entonces decidió reducir o eliminar todos, excepto uno o dos de los medicamentos y tratamientos. No fue una decisión fácil, y luchamos junto con ella ante las posibilidades de un resultado desconocido. Fue un paso de fe.

Sorpresivamente, Christel dio un giro. Continuaba teniendo algunos espasmos, pero eran menos frecuentes que antes. Se volvió más despierta, más alerta, y su conversación era más animada y amplia. Hubo mucha oración por su situación, y ella había peleado muchas batallas interiores además de soportar la enfermedad. Nunca olvidaremos este milagro de sanación de una naturaleza diferente a la que hubiéramos imaginado. A pesar de su condición, Christel irradió alegría y amor por el resto de su vida.

Hace unos años, experimenté algo que me hizo reconsiderar mi dependencia de la medicina y los profesionales médicos. Fui a hacerme un chequeo cardíaco rutinario y me dijeron que me hacía falta una cirugía cardiaca mayor. No sólo eso, sino que me dijeron que tenían que operarme inmediatamente. No había tiempo para prepararme.

Después de la cirugía, pasaron varios días en los que pensé que no iba a sobrevivir. Hubo momentos en los que no sabía si iba a volver a ver a mi familia. Pero el personal médico permitió que mi esposa y yo compartiéramos momentos preciosos. Por primera vez en mucho tiempo, nos preguntamos: «¿Estamos preparados para separarnos? ¿Y si no nos vemos mañana?». Fue redentor poder pedirnos perdón el uno al otro. Lloramos mucho juntos, y también nos reímos un montón.

Gracias a Dios, el resultado de la cirugía fue positivo, aunque no me he recuperado del todo. Durante ese periodo, a menudo escuchaba el *Elijah* de Mendelssohn, la historia de uno de los grandes profetas de Dios. Un aria en particular me tocó: «Encomienda al Señor tu camino; confía en él, y él actuará». Es difícil verdaderamente someterse a Dios. Va contra la naturaleza humana. Nos rebelamos y nos resistimos porque significa dejar ir el control y desmantelar nuestro poder personal.

Durante la época de esta prueba, recordé el personaje de Job en el Viejo Testamento. He aquí un hombre que tenía todo lo que el mundo valora: esposa, propiedades, hijos, éxito y posición. Pero Dios le permitió a Satanás poner a Job a prueba para ver si aún amaba a Dios sin riquezas terrenales. Pronto lo perdió todo, hasta la salud. Sus amigos, y aún su esposa, se burlaban de él y le decían que maldijera a Dios. Pero como alabó a Dios y se sometió a su voluntad, a la larga todo le fue restaurado en aún mayor medida.

Todavía no tengo el corazón saludable. Los médicos me podrían ofrecer otra cirugía de corazón abierto con reemplazo de válvulas, y tal vez viviría unos diez o veinte años más, pero no voy a optar por esa ruta. En su lugar voy a trabajar por el reino de Dios hasta que mis válvulas fallen y entonces cantaré alabanzas a Dios. Si trato de prolongar la vida porque le tengo miedo a la muerte, ¿qué ganaré? No importa si vivo sólo un día más, o diez años más, todo tiene que ser para su alabanza y gloria.

Dick Domer

«¡El mundo tiene que cuidarse a sí mismo ahora!»

6

Vivir con la demencia

AUNQUE LOS ACHAQUES de la vejez usualmente comienzan como meras inconveniencias, pronto asumen proporciones más serias. Es lo mismo con el deterioro de nuestra mente: lo que comienza como incidentes de olvido y distracción comunes y corrientes a menudo progresan hasta convertirse en los estragos de la demencia, de la cual la forma más común es el Alzheimer. Esta enfermedad ha ocupado mi atención cada vez más, ya que varios miembros muy queridos de mi iglesia han sido afligidos por ella en años recientes.

Para la mayoría (si no todos) de nosotros, la posibilidad de perder la memoria es aterrorizante. Pero tal vez sea porque, como sociedad, estamos abordándolo de manera equivocada. A lo mejor la gente le tendría menos miedo si no tuviera que preocuparse tanto de quedar confinada a un pabellón en un hogar de ancianos. Tal vez debemos valorizar y atesorar a los afligidos por esta enfermedad en vez de institucionalizarlos. En mi iglesia, tratamos de integrarlos lo más posible a la vida y actividades de la congregación. Los miembros jóvenes se turnan para ayudar a cuidarlos los fines de semana o sencillamente pasar tiempo con ellos.

Siempre que sea posible, se debe enfrentar un trastorno como el del Alzheimer con paciencia y amor, en un entorno familiar. Puede ser difícil, pero la alternativa es mucho peor. La manera en que se almacenan a las personas con demencia en las unidades de cuidado a largo plazo es algo que yo no le desearía a nadie, particularmente a un ser querido. Por otro lado, incontables familias no tienen otra opción a que enviar a sus padres a una institución de ese tipo. No en balde sienten culpas, dolor y vergüenza por tener que hacerlo. Sin embargo no existe solución sencilla para tal necesidad. ¿O será que sí existe?

Por difícil que pueda ser, a menudo me pregunto qué sucedería si, como sociedad, decidiéramos concentrarnos más en un aspecto positivo de la enfermedad: volver a ser como niños. La gente que padece demencia puede ser un tesoro, no solamente una carga. El Alzheimer no tiene que ser una experiencia de vergüenza, sufrimiento y un infierno para las personas involucradas. Como me dijo Detlef Manke, un pastor que trabajaba con pacientes de Alzheimer en Alemania:

Si alguien quiere aprender a servir, que cuide a alguien que tiene Alzheimer. Si alguien quiere aprender a ser compasivo, que comparta con gente que tiene Alzheimer, porque no hay nada más maravilloso y gratificante que recibir su amor cuando los haces sentirse comprendidos en todo sentido.

También nos enseñan a vivir totalmente en el presente —y esto de por sí puede ser una aventura. Pueden estar tristes o molestos en un momento y en el próximo instante todo es maravilloso. El cuidador tiene que estar dispuesto a contestar la misma pregunta repetidamente cada ciertos minutos.

Y siempre hay que respetarlos como personas ricas en años y experiencias. Si pensamos que hablan tonterías, los tontos somos nosotros. Simplemente no tenemos la llave al mundo de riquezas que ellos habitan.

Sólo aquellos que encuentran esta llave experimentan las llamadas «ventanas» que se abren aún en las últimas etapas de Alzheimer. Estas ventanas abren directamente a la eternidad. Habiendo vivido esto una y otra vez a través de los años, estoy convencido que, al nivel más profundo, la enfermedad no puede tocar el espíritu de la persona.

Como sugiere Detlef, en vez de tratar de ayudar al paciente de Alzheimer a entender nuestro mundo, nosotros deberíamos tratar de entender el de ellos. Claro está, saber esto no quiere decir que sea fácil hacerlo. Una integrante de mi iglesia me aportó un entendimiento más profundo sobre el asunto. Cuando su suegro desarrolló demencia, la condición progresó rápidamente y fue algo bastante desagradable y difícil.

La enfermedad se manifestó en todo tipo de comportamiento fuera de lo común. Desaparecía de la casa y su cuidador lo tenía que seguir y tratar de hacerlo regresar, pero era muy difícil razonar con él. Estaba convencido de que la gente estaba conspirando contra él y a veces se pasaba tres o cuatro horas dando vueltas en su habitación buscando en gabinetes y debajo de los muebles con una linterna para ver si había alguien ahí escondido. A veces se tornaba violento, aún contra su esposa anciana. Resistía todo esfuerzo para ayudarlo con su higiene personal. Durante un intento de ducharlo, le dio un puñetazo a mi esposo en la nariz tan fuerte que mi esposo pensó que su padre le había roto la nariz. Durante sus últimas semanas de vida, rehusaba acostarse a dormir. Permanecía sentado en su sillón toda la noche. Los esfuerzos de su cuidador para persuadirlo de que se quitara los zapatos y se acostara en la cama eran inútiles.

Ver a nuestro padre atravesar tanto tormento nos puso de rodillas en oración. Nos sentíamos inútiles en nuestros esfuerzos por cuidarlo, debido a su resistencia enérgica. Sólo podíamos ir un día a la vez y tratar de no mirar demasiado hacia el futuro. Teníamos que recordarnos una y otra vez que éste no era el esposo y padre que conocíamos y amábamos, sino alguien que padecía una enfermedad mental, igual que la gente padece enfermedades físicas.

A través de todas las tormentas, mi suegra se mantuvo firme en su promesa de permanecer al lado de su marido hasta que la muerte los separara. Nunca dejó de esperar que las cosas mejoraran. Su fidelidad y esperanza sirvieron de tremendo testimonio para nosotros.

La vida de mi suegro llegó a su fin relativamente de pronto. Rehusó todos los medicamentos, y luego toda comida y bebida. Entró en coma y falleció poco después. Luego de haber partido, nos hicimos eco de las palabras de Martin Luther King Jr.: «¡Libre al fin, libre al fin, gracias a Dios: él está libre al fin!».

Siempre que se nos haya dado la gracia de encontrar una paciencia como la que acaba de citar esta mujer, descubriremos en ella grandes bendiciones. Por lo menos, nuestros ojos se habrán abierto a lo que Detlef hizo referencia más arriba: la forma en que una persona con demencia a menudo vive y se mueve en otro mundo.

Una amiga de la familia, Rebekah, vivió esto de primera mano con su padre, Dick Domer, un hombre brillante a quien yo había conocido desde que estaba en la escuela secundaria. Su comprensión de asuntos sociales, políticos y empresariales, así como su chispa y sentido del humor, hacían de él una persona interesante con quien compartir. Pero cuando lo atacó el Alzheimer, las cosas cambiaron para él y su familia. Así me lo contó Rebekah:

Las primeras etapas fueron las peores porque la mayoría de la gente no pensaba que había nada malo con papá. Él solía ser muy perspicaz e ingenioso, y era capaz de recordar datos y cifras sin equivocarse. Pero nos dábamos cada vez más cuenta de que su mente se estaba deteriorando. Mamá y yo sentimos el cambio más agudamente porque éramos las personas más cercanas a él. Llegó el momento en que papá tuvo que dejar de manejar y luego dejar su trabajo de oficina.

Me preocupaba que papá se sintiera humillado por estos cambios, pero los aceptó con humildad. Permitió que mamá y yo lo ayudáramos en la casa, la mayoría de las veces aceptando nuestros recordatorios con agradecimiento. En vez de amargarse y frustrarse, papá encontró cosas nuevas en la vida que lo llenaban maravillosamente. Además, no perdió su sentido del humor. Un día estábamos comiendo chocolate Dove y leyendo los mensajes. El mío decía: «Relaja la mente». Papá contestó: «Eso es, ¡si es que tienes una!».

Pasaba más tiempo con mamá, a menudo sentado bajo los árboles, leyendo y conversando con cualquiera que pasara por ahí. Mientras ella tejía, él fumaba su pipa. Jugaba con sus nietos. Les leía y escuchaba sus historias de aventuras al final del día. Nuestra familia se reunía casi todos los atardeceres de verano alrededor de una fogata para cantar canciones folklóricas americanas. Mis padres eran amantes de la música, y a papá le encantaban las canciones americanas pioneras como «*Home on the Range*».

El amor de papá por nosotros se profundizó. Se volvió más tierno y más compasivo. Dependía más de nosotros, y agradecía nuestra ayuda. Pero, más que nada, se nutría de la fe profunda en Jesús que había sido la esencia de su vida durante tantos años.

Una a una, papá fue privado de sus capacidades. Había sido un jugador ávido de croquet, pero llegó el día en que ya no sabía cómo era el juego. Yo jugué ajedrez con él hasta que eso también se le hizo demasiado difícil de comprender. Entonces probamos con Scrabble, el juego de palabras. Eso funcionó por un tiempo, aun con papá deletreando las palabras al revés o invertidas. Pero entonces, con lágrimas en los ojos, se dio cuenta y dijo: «No, ya no puedo hacerlo más . . . no tiene sentido».

Después que mamá falleció, fue un verdadero reto encontrar formas significativas de mantener a papá ocupado según iba progresando la enfermedad. Yo pasé muchas horas dando caminatas cortas con él. Amaba la naturaleza y siempre disfrutaba al encontrar niños en el camino. Yo lo llevaba a recoger moras negras a orillas de los caminos. Salíamos todas las tardes para ver el atardecer mientras él fumaba su pipa y me hablaba acerca de mamá, de su búsqueda espiritual —cuando era joven— sobre el significado de la vida, y de sus experiencias de la niñez. Escuché los mismos cuentos centenares de veces, pero no importaba. Estábamos juntos. Él estaba contento conmigo a su lado, escuchando lo que fuera que todavía podía recordar. Se encontraba más en paz cuando simplemente lo aceptábamos tal como era, sin forzarlo a hacer cosas que ya no podía disfrutar. Aprendimos a aceptar su realidad y dejar de esperar que él comprendiera la nuestra.

¿Cómo podemos encontrar alegría y bendiciones cuando nos enfrentamos con las realidades diarias de ver a nuestros seres queridos cambiar tan dramáticamente? ¿Cómo podemos ver los aspectos positivos cuando tanto de lo que estamos experimentando es confusión, enojo, y hasta tal vez violencia? Christoph Friedrich Blumhardt, ministro religioso alemán del siglo xix escribió:

> Cuando sufras tribulaciones, ten en mente que debes hacerlo de manera que no sea solamente una victoria para ti mismo, sino una victoria sobre el sufrimiento en general. Sé por experiencia propia entre los epilépticos, los ciegos, los cojos, los sordos y entre los que se dice que tienen enfermedades incurables. Les digo: alégrate que estás así. Ahora trae algo de la muerte y resurrección de Jesús a

tu situación . . . entonces ayudarás a ganar una victoria para el mundo entero . . .

No temas, aunque sufras en espíritu y tengas que darte cuenta de cuán débil eres. El Resucitado puede permear tu debilidad de forma tal que podrás estar más vivo que muchas personas orgullosas que se pavonean despreocupadas por la vida, llenas de salud y fuerza. Cuando tienes que soportar una enfermedad, particularmente una que es humanamente incurable, quédate quieto, reflexiona y recuerda a aquel que murió y volvió a la vida.

Jesús provee una respuesta para cada necesidad, y Dios sabe lo que hay en cada corazón, aunque nosotros no lo sepamos. En última instancia, Jesús puede usarnos y lo hará, aunque nuestras mentes y cuerpos estén quebrantados y en descomposición.

Carole Neal
«El mejor modo de enfrentar la muerte es vivir
verdaderamente».

7

Seguir hacia adelante

TODOS HEMOS CONOCIDO personas mayores que juran seguir luchando hasta el final en vez de pasivamente dejarse deteriorar. Por lo general es una actitud excelente. Parece que cada cierta cantidad de años leemos una historia sobre un «corredor de maratón de 101 años de edad». Pero, ¿qué hacemos cuando, a pesar de nuestra intención, nos vemos obligados a aminorar el paso? Martin Luther King Jr., con quien marché durante los años sesenta en el movimiento por los derechos civiles, alentaba a su gente de la siguiente manera: «Si no puedes volar, corre; si no puedes correr, camina; si no puedes caminar, arrástrate, pero, por los medios que sea, no dejes de seguir adelante».

Carole Neal es un ejemplo de alguien que puso estas palabras en práctica. Asombró a todos los que la conocían por la forma en que seguía adelante, aún ante un cáncer terminal agresivo. Por un lado, esta mujer, emocionalmente frágil, estaba llena de temor; por otro lado, tenía la confianza de alguien que sabía que poseía las armas correctas para la batalla que estaba enfrentando:

Seré honesta: cuando «llegue el momento», espero que nadie empiece a cantar esos himnos acerca de flotar en el cielo. Me haría pensar que ya estaría descendiendo a la tumba. ¿Sabes qué? La letra de esas canciones puede ser muy profunda, pero por alguna razón cuando las escucho me recuerdan todas las cosas más deprimentes de la vida. Sé que no debería ser así, pero lo es. Necesito energía, fuerza para luchar por la vida. Y eso lo puedo obtener directamente de los Evangelios.

Comienzo cada día leyendo los Evangelios, y Jesús —este radical y revolucionario amante de la *vida*— me deja completamente asombrada cada vez que leo sus palabras. Tenía una compasión inaudita por los débiles y los pecadores, sin embargo levantaba la voz contra los fuertes y poderosos (aunque los amaba a ellos también) y tenía una profunda reverencia por Dios, su Padre, y nuestro Padre. Pero no era santurrón. Apuesto que se divertía muchísimo con todo lo que hacía.

Ahora ustedes van a pensar que esto es raro, pero para mí la batalla ha sido como una aventura, la aventura de mi vida: la necesidad de luchar contra algo que es absolutamente mortífero. Desde el principio sentí que no iba a permitir que ninguna parte de esta enfermedad me abrumara. Y no quería escuchar nada sobre el sufrimiento, no quería saber de la muerte, y no quería leer acerca del cielo y de los ángeles y todo ese tipo de cosas.

Pero al leer los Evangelios, pienso que he obtenido una semblanza muy buena de Jesús. Para mí, *ahí* es dónde se encuentra la vida. Jesús luchó contra todos los males y amó a todo el mundo, sin reservas, con compasión, pero con una franqueza increíble. No es que yo jamás pudiera hacer eso. Pero así es como he querido vivir mi vida, con ese tipo de fervor.

Siempre es bueno mantener una actitud de lucha, como hizo Carole. Sin embargo, aferrarse a la independencia propia no siempre produce felicidad. Conozco varios casos en los que las personas que estaban muriendo se hicieron la vida difícil a sí mismos y a los demás por aferrarse a su independencia a toda costa, o que se sintieron abrumados por la vida sencillamente porque no podían aceptar las realidades del proceso de envejecimiento. O tal vez creían que ceder ante la vejez significaba algún tipo de derrota pasiva. Pero pienso que hay una diferencia importante entre «dejarse ir» y «darse por vencido».

En uno de sus poemas más memorables, William Blake equipara aferrarse a la vida y su reconocida riqueza con destruir una hermosa mariposa al admirarla demasiado cerca.

> El que se amarra a un placer
> destroza la vida alada;
> pero el que besa al placer cuando vuela
> vive un amanecer de eternidad.

Como dice Blake, fácilmente podemos extinguir algo de Dios si nos aferramos demasiado a ello. Queremos continuar viviendo de la misma manera que siempre hemos vivido, porque nos es familiar, cómodo y en muchos casos, hermoso. Pero esto puede impedir que vivamos la vida profundamente de la manera en que Dios quiere. Mi hermana mayor, Roswith Mason, tuvo que lidiar con esto y no fue fácil. Primero tuvo que dejar ir a una hija de diez años que falleció de osteosarcoma. Veinte años más tarde, a ella le diagnosticaron cáncer. Sólo semanas después, también le encontraron cáncer a su esposo Dave. A los seis meses, él se había ido. En las palabras de ella:

> Cuando uno es joven, no pondera la posibilidad de la muerte, por lo menos yo no. Uno simplemente está lleno de vida y energía, lleno de ideas acerca del futuro. Pero el cáncer me ha obligado a enfrentar mi mortalidad. Ha significado que he tenido que someterme a otros, darme cuenta que no soy tan capaz físicamente como lo era antes. A través de eso, he aprendido mucho acerca de la humilidad.
>
> En los años que siguieron a la muerte de Dave, he luchado contra la enfermedad. No creo en darse por vencido, pero en cada paso del camino he estado aprendiendo a dejar fluir. Yo siempre había sido una persona independiente, capaz de manejar

y hacer todas las cosas prácticas que son parte de administrar un hogar. Pero con Dave ausente y la enfermedad ganando terreno, tuve que aceptar que simplemente iba a tener que permitir que los demás hicieran cosas por mí que normalmente hubiera hecho por mi cuenta.

Siempre he sido maestra de escuela intermedia y me encanta estar con los niños dentro y fuera del salón de clase, pero de repente ya no tenía la energía física para eso. Siempre supuse que seguiría participando activamente en las cosas que amaba —enseñar historia, coser, atender el jardín— mientras pudiera. Ahora tenía que aceptar un papel secundario. Una y otra vez tuve que dejar fluir y tomar decisiones conscientes de no valorarme por lo que contribuía a las personas a mi alrededor.

Asombrosamente esto se hizo más fácil. Ya no es un asunto de tanta importancia. He tenido oportunidades maravillosas en esta vida y ahora me toca darles su turno a los más jóvenes. Mi participación no es tan importante; el mundo seguirá dando vueltas sin mí. Sólo tengo que someterme a la voluntad de Dios y a las personas a mi alrededor, que me aman y cuidan.

Puedo entender cómo a alguien se le puede hacer difícil someterse. Al principio, lo fue para mí también. Pero ahora sé lo mucho que tengo que agradecer. He tenido una vida bendecida a pesar de algunas épocas difíciles y de haber cometido muchos errores. Y tengo la alegría de estar rodeada de mi familia y otros que me aman muchísimo.

Dos años después del diagnóstico inicial de cáncer, me enteré que tenía cáncer de seno también. Además, comencé a padecer episodios de pulmonía. Estaba tomando muchos medicamentos, cada vez más fuertes. Llegó el punto en que tuve que detenerme y confrontar la pregunta: «¿Hacia dónde se dirige todo esto? ¿Cuál es la voluntad de Dios en todo esto?».

Por medio de la oración y conversaciones con mis hijos y amigos de confianza, reconocí que me hacía falta confiar mi vida a Dios. Decidí que aunque continuaría tomando los medicamentos para ayudar a controlar el dolor relacionado al cáncer, dejaría de tomar tratamientos agresivos para tratar de controlar la pulmonía. En su lugar, confiaría en la oración y el apoyo de aquellos que me aman para ayudarme a atravesar la situación, sea lo que fuera que significara «atravesar».

Esta no fue una decisión fácil. Yo quería un balance entre decirle «no» a más medicamentos y sencillamente «darme por vencida». Sabía que si reaparecía la pulmonía, mi cuerpo no estaba en condiciones para combatirla por su cuenta. Pero lo asombroso es que, desde que tomé mi decisión, he sufrido varios ataques de pulmonía y cada vez Dios me ha ayudado a atravesarlos. Todavía estoy aquí y puedo asegurarles que no me he dado por vencida.

Todo el tiempo he tenido que luchar para encontrar la paz ante la pregunta: ¿Estoy preparada si éste es el final? Pero he podido aceptar lo que sea que Dios tiene en mente para mí. Esto me ha dado la paz interior de saber que las cosas suceden cuando Dios dispone, y a orar, como Jesús mismo hizo, «pero no sea lo que yo quiero, sino lo que quieres tú» (Mateo 26:39).

Muchos de nosotros no queremos dejar ir. Sin embargo, Jesús nos dice: «porque el que quiera salvar su vida, la perderá; pero el que pierda su vida por mi causa, la encontrará» (Mateo 16:25). Dejar ir significa poner tu vida en las manos de Dios y vivir de acuerdo a sus términos. Entonces, si Dios nos da la fuerza de seguir, debemos ponerle todas las ganas. Cuando la vida ya no depende de nuestros esfuerzos, encontramos la paz si podemos aceptar, tal como ha hecho Roswith, que Dios puede tener otros planes.

Al dejar ir nuestra voluntad, todo lo que pudiera ser y debiera ser, y confiar nuestros fracasos y errores a las manos de Dios, podemos seguir hacia adelante en los años que nos quedan, dispuestos a hacer su voluntad. Entonces estos años pueden ser gratificantes y significativos, llenos de agradecimiento y alegría en vez de ansiedad y preocupación. Citando a Henri Nouwen en este sentido:

Todavía tienes temor a morir. Tal vez ese temor está relacionado con una preocupación profunda, no expresada, de que Dios no te aceptará tal cual. La pregunta «¿por qué tengo que morir?» está conectada a este temor. Lo preguntaste cuando eras un niño y todavía lo estás preguntando. Dios te llamó desde el momento en que te formaste en el vientre de tu madre (Salmo 139). Tu vocación es recibir ese amor y devolverlo. Desde el principio tú, al igual que todo ser humano, has experimentado las fuerzas de la muerte. Ya sea físicamente (a través del envejecimiento y la enfermedad) o interiormente (a través de la tentación o el pecado) estas fuerzas te han atacado durante todos tus años de crecimiento y continuarán atacándote. Pero aunque a menudo te has sentido abrumado, has sido fiel. Aférrate a eso. Entiende que las fuerzas de la oscuridad no tienen ningún poder final sobre ti.

En pocas palabras, este es el secreto: ser fiel y perseverar. Si hacemos esto, encontramos que en verdad no importa cuánto tiempo vivimos; Dios está más interesado en que sencillamente le sirvamos y confiemos en él hasta el final. Porque la verdadera medida del tiempo no se encuentra en los años, sino en vivir de acuerdo con nuestro propósito principal aquí en la tierra: amar al prójimo.

Herbert Rogers, quien era predicador por las calles de Kingston, New York, y a quien vine a conocer cuando ya estaba al final de su vida, ejemplificaba la idea de que «cómo» envejecemos es mucho más importante que «cuántos» años vivimos. Como dice el dicho: «No son los años de vida lo que importan, sino la vida en los años».

Aunque Herbie, como le llamábamos, sólo llegó a los cincuenta años de edad, logró más de lo que logramos la mayoría de nosotros en muchos años más.

En su funeral, Herbie fue recordado no sólo como hermano, esposo y padre, sino también como pastor, trabajador por la paz, amigo y defensor de gente que ni su propia familia conocía. Aún la policía y el fiscal de la localidad, quienes lo habían arrestado centenares de veces, expresaron su pésame porque Herbie había dejado atrás una vida de drogas, armas, y varios años en la cárcel para entregarse a un ministerio muy práctico de servicio a los demás. Según se regocijaba en su propia redención, insistía en que las vidas de otros podrían ser restauradas y redimidas también.

Herbie nunca dejaba pasar oportunidades para recordarle, a quienes le escuchaban, quién era el que había cambiado su vida. En 1995 se había arrodillado en el piso de su celda en la cárcel pidiéndole a Jesús que entrara en su vida. Recordaba haber exclamado: «¡Si tú eres todo lo que dicen que eres, entra en mi vida y cámbiame!». De ahí en adelante, se movió en una sola dirección. Para él, ningún alma estaba demasiado rota para que Dios no la pudiera arreglar, ninguna prostituta devastada o adicto tembloroso que no se pudiera salvar. Así que llevó su mensaje de una nueva vida a los lugares que nadie más quería ir: las cárceles del condado y del estado, los hospitales y refugios para personas sin hogar, solares llenos de basura y callejones oscuros.

Cuando se le diagnosticó un cáncer incurable a los cincuenta años de edad, su reacción no fue una imprevisible: aunque sentía dolor y estaba preocupado por el futuro de su familia, dejó claro que no iba a pasar las últimas semanas de su vida en un hospital. Hubo lágrimas y aún enojo, pero nunca dudó ni por un minuto de que iba a casa con Dios y esa fe tenaz lo sostuvo hasta el final. En una ocasión, ya en su lecho de muerte dijo: «No se trata de mí, sencillamente es cuestión de hacer el trabajo de Dios».

La vida de Herbie nos demuestra que nunca es demasiado tarde para cambiar, dar, compartir y contribuir. En la parábola de los trabajadores en el viñedo, aquellos que llegaron y trabajaron fuerte por sólo una hora recibieron la misma paga que aquellos que trabajaron el día entero (Mateo 20:1–16). Ante los ojos de Jesús, lo que importa es el hecho del compromiso, no la duración de éste. Ya sea que comencemos a servir y amar temprano o tarde en la vida, siempre hay oportunidades para hacerlo, no importa cuán enfermos o débiles estemos.

Herbert Rogers
«No hay alma tan quebrada que no pueda ser arreglada».

8

Encontrar paz

Para casi todo el mundo, llega el momento en que nos damos cuenta que nuestros días están llegando a su fin. Todos queremos morir en paz, pero ¿cómo encontramos esta paz? La verdadera paz requiere esfuerzo. A veces hay heridas viejas o rencores antiguos que están enterrados profundamente en nuestro subconsciente pero, sin embargo, siguen ahí, separándonos de los demás. Podemos escoger que permanezcan dormidos o podemos decidir confrontarlos. Ciertamente, la primera opción es más fácil, pero he encontrado que aquellos que toman el camino más difícil a menudo terminan estando mejor preparados para enfrentar el futuro. No están agobiados por las cargas del pasado. Lamentablemente, demasiada gente nunca experimenta esto, y pasan sus últimos años amargados. He visto la vida de la gente más hermosa arruinada porque no podían perdonar.

La vejez debe ser una época para reparar viejos daños. Esto requiere humildad y paciencia. Jesús nos dice que debemos estar dispuestos a perdonar a alguien «setenta veces siete» si es necesario (Mateo 18:22). También nos dice que perdonemos a los demás para que nosotros también seamos perdonados (Mateo 6:14). Para muchos, lo más difícil puede ser perdonarse uno mismo, pero la recompensa es inmensa. De repente, te sentirás como un ser humano de nuevo. Podrás sentir las necesidades de los demás.

Claro que esto es importante durante toda la vida, pero aún más cuando nos preparamos para la hora de nuestra muerte. Aquellos que se sienten confiados de haber sido perdonados por sus pecados, y de haber perdonado a quienes les hirieron, pueden evitarse mucha angustia mental en sus últimas horas. Puede ser que atravesemos un gran tormento físico, pero se nos otorgará la paz de Jesús, tal vez de una manera muy diferente a lo que imaginamos. Como Jesús mismo nos dijo, «Mi paz les dejo; mi paz les doy. Yo no se la doy a ustedes como la da el mundo» (Juan 14:27). Cuando recibimos la paz, entonces podemos compartirla con los demás.

Rachel (nombre ficticio), una mujer judía de nuestro vecindario, estaba muriendo de cáncer. Tenía setenta años de edad y había sido consejera familiar y matrimonial durante años. En su trabajo había ayudado a muchas personas a reconciliarse por escucharles y brindarles consejo. Sin embargo, ahora a ella le faltaba la misma paz que se había esforzado en dar. Según le progresaba el cáncer y se acercaba el final de su vida, no quería morir sola, desasosegada y con problemas no resueltos. Específicamente, sabía que desesperadamente necesitaba perdonar a su hermano, con quien no había hablado en muchos años. También me dijo: «¿Sabes qué? Otra cosa que tengo que hacer es perdonar a mi madre. Ella sentía celos de mí, de todas las oportunidades que yo tuve. Ella tuvo que desarraigarse y reinventarse tres veces y abandonar muchos de sus planes. Ahora veo que solo una mujer valiente podría soportarlo que ella vivió durante su vida, con todo lo que estaba ocurriendo en esa época de la historia».

Miembros de mi iglesia se ofrecieron cuidar a Rachel durante sus últimos días. Mi esposa y yo la visitamos a menudo. Era una experiencia de humildad cuando ella me llamaba su «Gran Rabino», aunque no soy judío. Mientras estábamos con ella, nos contaba acerca de su vida, especialmente los momentos más difíciles, cuando había luchado contra ideas suicidas.

Una noche, Rachel levantó ambas manos de repente como si quisiera orar. En voz muy baja me susurró, «Quiero hacer una oración de agradecimiento». Preguntó: «¿Ustedes creen que me vaya esta noche? Yo pienso que sí. Oraba pidiendo no morir sola. Me ha sido concedido».

Unos días antes de que Rachel muriera vino su hermano a verla y muy sencillamente se perdonaron. Después de eso, ella estaba preparada para dejarlo ir todo; había encontrado la paz.

Según descubrí con Rachel y muchos otros, lo que más necesitamos es tener la certeza de que nuestros pecados han sido perdonados. Entonces no hay porqué temer el momento en el cual compareceremos ante nuestro Creador.

Si no nos reconciliamos con aquellos a quienes hemos herido y perdonamos a aquellos que nos han herido, se nos hará sumamente difícil irnos de este mundo. Un primo mío, Ben Zumpe, lidió con este mismo asunto. Ben era un eterno optimista, un hombre apasionado que amaba la vida. Sin embargo, en cuestión de días tras haber sido diagnosticado con un cáncer en su etapa final, aceptó que con toda probabilidad iba a morir en pocos meses. Había una cosa que lo acosaba: su distanciamiento de sus hijos, que para entonces eran hombres adultos y no vivían en la casa. Años antes se habían distanciado de manera dolorosa. A partir de entonces, los esfuerzos por reparar la relación habían sido infructuosos. Ben me dijo: «Lo menos que quiero es que cuando haya muerto, mis hijos sientan que su padre les guardaba rencor. Quiero que quede bien claro para ellos que nosotros como padres los amamos y que todavía rezamos por ellos».

Así que Ben les escribió una carta a sus hijos. Se le hizo difícil, y lo pospuso varias veces antes de escribirla finalmente. Por un lado, añoraba hacer las paces, dándose cuenta de que él también había cometido errores. Sin embargo, también pensaba que, precisamente porque amaba a sus hijos, tenía que ser franco. Su carta decía, en parte:

Mis queridísimos hijos:

Le escribo esta carta a cada uno de ustedes con un amor profundo porque tengo cáncer y me encuentro en el lecho de muerte. No sé cuántos días, semanas o meses me quedan. En otras palabras, no sé cuánto tiempo falta antes de que Dios me lleve. Con más razón, me acerco a ustedes de todo corazón con la esperanza de que ustedes encuentren a Jesús. Él vino a este mundo a extender un evangelio nuevo para que toda persona pueda encontrar redención y vida nueva —vida eterna— a través de él. Pero seguirle significa asumir la batalla entre el bien y el mal, la luz y la oscuridad, Dios y Satanás.

Mis queridos hijos, como ya les dije, estoy en mi lecho de muerte. Quiero que sepan que oro por ustedes y que los amo. ¿Se les han olvidado, por ejemplo, ¿cuántas veces quise acercarme a cada uno de ustedes cuando estaban en la universidad? Pero también quiero que sepan cuán doloroso es para mí que no podemos hablar cara a cara. Después de todo, he invitado a cada uno de ustedes, en un momento u otro, a regresar y verme. La oferta sigue en pie. Nunca es demasiado tarde para encontrar el perdón de ambos lados. Vuélvanse a Dios. Vuélvanse a la vida. Es cuestión de vivir para el buen Espíritu.

Dicho sea de paso, deben saber que les escribo desde lo más profundo del corazón. No quiero juzgar ni ponerlos bajo ningún tipo de presión. Jesús quiere seguidores voluntarios, no gente que le sigue por miedo. Aun así, cada uno de nosotros tendrá que verse cara a cara con el Creador algún día. Es en este sentido que les he escrito esta carta.

Ben envió la carta con mucho temor. Asombrosamente, cada uno de sus hijos respondió positivamente. Uno a uno, en el transcurso de los meses siguientes, visitó a Ben e hicieron las paces. Le pidieron perdón a su padre, y él les pidió perdón a ellos.

Durante los últimos días de vida de Ben lo visité todas las tardes. Nos habíamos criado juntos y éramos amigos íntimos. Para entonces, no había mucho más que hacer sino simplemente disfrutar un trago de brandy y darle gracias a Dios por la reconciliación que él había vivido. Nos reímos y lloramos mucho.

La muerte de Ben fue una de las más difíciles que he experimentado. Cerca del final su cuerpo temblaba con espasmos. Aunque no podía hablar, Ben se comunicaba con los ojos cuando le pasábamos paños fríos por la frente. Pero yo sabía que a pesar del gran dolor físico, él tenía fe de que Dios estaba cerca. Ben sabía que lo que tal vez era aún más importante que el perdón de sus hijos era el perdón que Dios nos ofrece a cada uno por medio del sacrificio de Jesús. Unas semanas antes de morir, me dijo:

> Si no fuera por Jesús, quien sufrió y murió en la cruz por mí, no podría enfrentarme a la muerte. Pero Jesús sufrió en el Gólgota y vivió el abandono de Dios, y lo hizo por mí. Yo sé que lo que Jesús sufrió fue mil veces más de lo que yo jamás podría sufrir porque todos los demonios de la tierra estaban tratando de derribarlo y atacarlo. Pero el

tercer día resucitó. Yo creo en la resurrección y creo en el perdón de los pecados.

La historia de Ben es conmovedora. Pero, ¿qué hay de las situaciones difíciles, en las que la persona muriendo está divorciada o separada? ¿Y qué de las familias enemistadas, padres abandonados y relaciones rotas? ¿Podemos encontrar paz aquí también, aun cuando la reconciliación parezca imposible? Pienso que sí podemos, pero —repito— tiene que comenzar con el perdón. Al igual que las personas que están muriendo necesitan perdonar, puede ser que también necesiten ser perdonadas —y al perdonarlas, les permitimos irse.

Charles Williams es el antiguo jefe de policía de un pequeño poblado. Lo conozco desde hace años. A menudo me acompaña a las escuelas públicas para hablar acerca de la no violencia y el perdón, y cómo estos pueden resolver muchos de nuestros problemas interpersonales.

Pero él mismo no siempre pensaba así. De hecho, la única razón por la que escuchó mi programa fue porque se encontraba en sus funciones de agente del orden público durante una presentación que hice en la escuela superior del municipio. Pero gradualmente la idea del perdón surtió efecto en su corazón y ahora narra su historia casi semanalmente, con la esperanza de cambiar otras vidas.

Charles creció en un hogar de alcohólicos. Según él lo narra, su mamá no se tomaba un trago de vez en cuando, sino que su trabajo era beber. De niño quedó traumatizado al presenciar las peleas entre sus padres. Un imagen en particular que tiene grabada en la mente es de su padre sujetando el abrigo de su madre y ella en lucha por liberarse y salir corriendo de la casa gritando: «¡Detengan el mundo; me quiero bajar!». Recuerda estar sentado a la mesa, tratando de ser «un niño bueno» y comerse la cena mientras las lágrimas corrían por las mejillas, presenciando esa escena que se repetía casi a diario. Bajaba las escaleras por las mañanas y la encontraba a ella inconsciente en el sofá. Veía las quemaduras de cigarrillo en la alfombra y pensaba lo poco que había faltado para que se quemara la casa.

Al mirar hacia atrás, Charles se da cuenta que durante treinta años había albergado un gran odio hacia su madre, un odio que afectó todas las áreas de su vida y causó que tomara decisiones muy malas. Se desesperó tanto que cuando le entregaron su arma al graduarse de la academia de Policía, seriamente consideró suicidarse.

Después de hablar más conmigo acerca del poder del perdón, Charles visitó a su mamá en el hogar de su niñez. Se sentó frente a ella en la misma mesa que había sido la escena de tantas malas memorias, y la perdonó. Charles recuerda: «Fue como si el peso de una mochila grande que llevaba cargando durante años se cayó de mis hombros. En ese instante mi madre cambió de ser el dragón que chisporroteaba fuego por la boca, que recordaba de mi niñez, y se convirtió en la mujer anciana, débil y enferma, que era —la madre que nunca tuve».

Pocos años más tarde Charles se sentaba junto a su lecho en el hospital, en sus últimas horas, y le contó de nuevo de su amor y perdón. Aunque ella llevaba días sin moverse, puso su mano sobre la de él, consolándolo con su amor de madre.

«Si no la hubiera perdonado, jamás hubiera podido experimentar eso», me dijo Charles.

«Nunca es el momento equivocado para hacer lo correcto. No desperdicies años albergando rencores, enojo y odio, como hice yo. Escucha la voz quieta de la conciencia y perdona, aunque sea lo que menos quieras hacer».

Es más fácil enfrentar la muerte cuando hemos vivido una vida de servicio a los demás. En *Los hermanos Karamazov,* Dostoyevski recuenta la historia de una anciana que vivía con tanto temor a la muerte «al punto del sufrimiento, terror y miedo». Le ruega al Padre Zossima que la convenza acerca de la vida después de la muerte. El Padre Zossima le contesta que esa certeza proviene únicamente del amor.

> Intenta amar a tus vecinos activamente e infatigablemente. Mientras más éxito tengas en amar, más te convencerás de la existencia de Dios y de la inmortalidad del alma. Y si alcanzas abnegación total en el amor a tu vecino, entonces indudablemente creerás, y ninguna duda jamás podrá entrar en tu alma. Esto ha sido probado. Es cierto.

Otra herramienta clave para encontrar la paz es confesarse. Esta es una de las cosas más difíciles que podemos hacer, pero también una de las mejores porque libera nuestro corazón del temor y nos llena de amor, primero por Jesús y luego por los demás. La confesión no es sólo para católicos. Busca a un pastor de tu confianza, a un amigo que sea tu confidente, o inclusive a tu pareja o hijo maduro con quien puedas hablar libremente. Poder hablar acerca de los errores o pecados que hemos cometido, y de los cuales ahora nos arrepentimos, nos puede liberar de esa carga y convertirlos en cosas pasadas. Naturalmente, no tenemos que esperar hasta que lleguemos a viejo para hacerlo. La bendición de la confesión puede recibirse en cualquier momento.

Mientras trabajaba con Richard Scott, un compañero anciano de mi iglesia, experimenté la paz que la confesión y el perdón le brindan a una persona que está muriendo. Ambos habíamos sido ministros para muchas personas moribundas, pero nunca pensé que yo mismo lo haría por él. A Richard le diagnosticaron un cáncer agresivo cuando tenía apenas sesenta y un años. Él y su esposa Kathy tenían una familia numerosa y responsabilidades muy serias en nuestra iglesia.

Atravesó una cirugía. Sin embargo, a los nueve meses del diagnóstico ya había fallecido.

Aunque Richard no se consideraba viejo, la manera en que ocupó sus últimos días fue un reto para todos aquellos que lo conocíamos. En innumerables ocasiones orientó a aquellos a quienes conoció hacia una vida de servicio a los demás y a Cristo. No era ningún santo, pero encontró la paz, confesándose con sus compañeros ministros y haciendo un esfuerzo sincero por aclarar cualquier malentendido que tuviera con miembros de nuestra iglesia.

En cierto momento, Richard tomó la decisión de renunciar a más intervenciones médicas. Luego de una lucha inicial, la decisión les aportó una gran paz a él y a Kathy durante sus últimos días.

Para mí, no es la cantidad de tiempo que tengo sino cómo se utiliza. Yo creo que después de esta experiencia de ponerlo todo en las manos de Dios, el evangelio se hará mucho más vivo y real. Mi situación me ha obligado a reflexionar acerca de lo que significa volverse a Dios y confiar en él plenamente. También me ha servido la lección de humildad de ver cuánta gente ora por mí, algunos de los cuales ni conozco. Es un gran consuelo cuando las personas se cuidan unas a otras. Esto es lo que más apoyo me ha brindado.

En la parábola del juez injusto, Jesús señala que esta batalla requiere mucho trabajo. La viuda tuvo que ir una y otra vez ante el juez. Finalmente se hartó y le dio lo que ella quería (Lucas 18:1–5). Claro, no es que Dios nos responda porque se harta de nosotros, en realidad él nos ama, pero también quiere que nos esforcemos. No siempre nos da las cosas, sino a veces quiere ver si verdaderamente queremos lo que pedimos.

Yo no quiero pedir una vida más larga. En estos días me ha sido demostrado muy claramente cuán insignificante y poco importante es mi vida. Si Dios quiere que viva más tiempo, viviré, de eso no hay duda. Y si no, pues no. Lo que sí es un don mucho mayor es la manera en que podemos animarnos unos a otros, en vez de sumirnos en la tristeza y desánimo. Quiero utilizar el tiempo que me quede para guiar personas hacia el reino de Dios.

En todo corazón existe una añoranza por encontrar la paz. Más que nada, he estado lidiando con el entendimiento de cuán pecador soy. Han sido ocasiones en las cuales me he sentido avergonzado de dar testimonio de Cristo porque haberlo hecho me hubiera puesto en una situación difícil o embarazosa. Pero el reto siempre es poder negarse a sí mismo completamente y darlo todo. No sabemos qué es lo que Dios va a pedir de nosotros, pero si nos olvidamos de nosotros mismos y asumimos la cruz de Cristo, no sólo nos dará una gran paz del corazón, sino también una gran alegría. ¡Cuánto deseo estar listo cuando Dios me llame a casa!

Mi esposa y yo hemos estado presentes en muchas muertes. Es bastante evidente cuando la persona que está muriendo ha dedicado su vida al servicio a los demás. La paz que posee se le ve en el rostro y se siente en la habitación. Pero cuando alguien ha vivido para sí mismo, morir es una lucha palpable, y la muerte un espectro horrendo. Las personas así sienten temor por lo que viene. Y aun cuando hayamos vivido una vida de servicio, puede que ocasionalmente sintamos reservas. Mi padre me decía que a menudo él se preguntaba si podría decir de su vida: «Está cumplido». Pero no debemos dudar de que podemos hallar la paz en nuestra hora final. El pastor Christoph Friedrich Blumhardt escribió:

> La pregunta más importante de la vida es: ¿He completado mi misión en la tierra? Si es así, puedo morir con alegría. Por eso es que Jesús dijo: «Está cumplido». La tristeza radica en no haber logrado sentirnos plenos. Lloramos porque arrastramos tantas cosas sin terminar. Pero Dios . . . reparará todo lo que está roto y nos asentará sobre una base nueva. Lo que no hayamos podido terminar, él lo completará por nosotros si es nuestro deseo verdadero.

Si vivimos para servir y practicamos el perdón, estaremos preparados para el momento señalado por Dios. Ninguno de nosotros conoce cuál será la hora de nuestra muerte; Jesús dice que vendrá como un ladrón en la noche (Mateo 24:43). No todos tendremos la oportunidad de encontrar la reconciliación como hicieron Ben y sus hijos, pero todos, cuando estamos atribulados o temerosos, podemos aferrarnos a esta promesa de Jesús:

No se angustien. Confíen en Dios, y confíen también en mí. En el hogar de mi Padre hay muchas viviendas; si no fuera así, ya se lo habría dicho a ustedes. Voy a prepararles un lugar. Y si me voy y se los preparo, vendré para llevármelos conmigo. Así ustedes estarán donde yo esté. Ustedes ya conocen el camino para ir adonde yo voy (Juan 14:1–4).

Richard Scott

«Quiero utilizar el tiempo que me quede para guiar
personas hacia el reino de Dios».

9

Decir adiós

Cuando nos acercamos a la muerte, siempre hay asuntos prácticos que atender, pero no debemos permitir que nos distraigan. Después de todo, el cierre de la vida es una época para volver nuestro corazón hacia asuntos espirituales y eternos.

Sin embargo, nunca es un error, mientras todavía podemos dejar claro lo que deseamos que ocurra cuando muramos. Esto puede quedar plasmado en un testamento y acordado entre las partes afectadas. Para que la partida sea más fácil, es vital que no haya cabida para desacuerdos sobre herencias y otros asuntos financieros. ¿No nos dijo Jesús: «No se puede servir a la vez a Dios y a las riquezas» (Mateo 6:24)? La paz es mucho más valiosa que cualquier cuenta bancaria.

Aunque cada situación es diferente, y yo jamás pretendería decirle a ninguna familia qué deben hacer, aconsejaría a todos en contra de tratar de prolongar la vida por medios artificiales. La realidad es que esta o aquella intervención médica puede mantener a alguien vivo y aun así fallar de manera lamentable en aliviar el sufrimiento. También puede que prolongue el proceso de muerte y sea una carga para un cuerpo o alma que está buscando liberación. Además de esto, este tipo de cuidado es extremadamente caro. A todos nos toca el momento de irnos, y simplemente aceptar eso puede brindarnos a nosotros y a nuestros seres queridos mucha paz, con toda probabilidad más de la que nos darían unas semanas más de «vida».

Existe un consenso extendido que comparte estos sentimientos dentro de la comunidad médica y entre los ancianos: se ve el crecimiento del movimiento de hospicios durante las últimas décadas. Entonces, ¿por qué todavía muere tanta gente conectada a tubos y en el ambiente estéril de una Unidad de Cuidado Intensivo en vez de hacerlo en su propia cama? En muchos casos, la gente sencillamente está mal informada y no conoce cuáles son sus verdaderas opciones. A menos que los ancianos hayan dado a conocer sus deseos, sus familiares se apresurarán automáticamente a llevarlos a las salas de emergencia sin haber pensado en las consecuencias.

Nunca es fácil encontrar la paz ante la muerte inevitable de un amigo o miembro de la familia, pero podemos tener en claro una cosa: no encontraremos la paz para nosotros ni le brindaremos paz a los demás si ordenamos más pruebas o autorizamos más procedimientos. De hecho, he visto situaciones de una serenidad asombrosa al momento de enfrentar la muerte; como por ejemplo cuando se toma una decisión informada de desconectar los sistemas de apoyo artificial y la familia se siente confiada de que está respetando los deseos de la persona. En tales circunstancias, poner el ser querido en las manos de Dios brinda paz.

Cómo y cuándo nos despedimos no es importante, lo importante es el acto mismo de decir adiós. Nunca he olvidado la experiencia que vivió mi cuñado Klaus Meier. Como hijo mayor de la familia, siempre fue muy apegado a su padre, Hans. Cuando Hans falleció, Klaus estaba viviendo en Nigeria, con contacto telefónico limitado. Yo hubiera pensado que se le haría muy difícil estar tan lejos. Pero antes de viajar a ultramar, Klaus y su padre aclararon cualquier malentendido que existiera entre ellos, a sabiendas de que tal vez no se volverían a ver. Por lo tanto, cuando Hans murió repentinamente, Klaus pudo dejarlo ir con una ecuanimidad que siempre me ha maravillado. Pero él sabía que él y su padre se habían despedido en paz, aunque fuera meses antes. ¡Cuán diferente debe ser esto comparado con estar consumido por la culpa o el enojo, sentimientos que agobian a tantos que no están presentes a la hora de la muerte de un padre!

A menudo he escuchado decir que a la hora de la muerte nuestra vida entera, lo bueno y lo malo, pasa ante nuestros ojos como si fuera una película. El pasado se vuelve vivo de manera extraña mientras recordamos tanto los tiempos buenos como los difíciles. En ocasiones como esta, puede que haya una lágrima en un ojo y una sonrisa en el otro. Lo más importante es que cuando lleguen las últimas horas, haya paz en nuestro corazón. Todos anhelamos que Dios nos acepte en su reino.

A la mayoría de nosotros se nos hará difícil aceptar que se está acercando el final. Recuerdo haberle escrito a una pareja casada en la que el esposo estaba padeciendo una enfermedad terminal. Les recordé las palabras de Pablo:

> Por tanto, no nos desanimemos. Al contrario, aunque por fuera nos vamos desgastando, por dentro nos vamos renovando día tras día. Pues los sufrimientos ligeros y efímeros que ahora padecemos producen una gloria eterna que vale muchísimo más que todo sufrimiento. Así que no nos fijemos en lo visible sino en lo invisible, ya que lo que se ve es pasajero, mientras que lo que no se ve es eterno (2 Corintios 4:16–18).

Estas palabras lo dicen todo. La muerte es la prueba final y más difícil del valor. Cuando uno sabe que sus horas están contadas, es mejor mirar de frente y darse cuenta que es únicamente cuando perdemos la fuerza física que se glorifica el amor de Dios. Porque el poder de Dios no se revela en nuestras fuerzas sino en nuestra debilidad (2 Corintios 12:9). En ese momento, cada instante es precioso. Mira las caras de aquellos a quienes amas, y ríe y llora. Más que nada ruega que el amor entre ustedes se fortalezca en vez de debilitarse.

Ninguno de nosotros sabe con certeza cuándo nos llegará la hora, pero nos podemos preparar. Cuando mi amigo Karl Keiderling, artesano, requirió cirugía del corazón, esperaba regresar a casa, pero no lo dio por sentado. El día antes de ir al hospital, se aseguró de que todas sus herramientas estuvieran afiladas «para cuando regrese». Hombre de pocas palabras, también se puso de pie en la iglesia y declaró que no le guardaba rencor a nadie. Pidió perdón en caso de que hubiera ofendido a alguien. Su esposa Clare recuerda:

> Karl acababa de leer en su Biblia que «Dios ve cada golondrina que cae», así que puso su vida entera en las manos de Dios. Yo estaba en silla de ruedas temporalmente y me preocupaba cómo podríamos manejarnos después de la cirugía, cuando ambos necesitaríamos cuidado a tiempo completo. Karl me dijo que no me preocupara por nada. «Dios se

ha ocupado de cuidarnos hasta ahora, y todo estará bien». Una cosa en particular que me puso en el corazón fue: «Ahora que no puedes correr de un lado a otro, tienes tiempo para los demás. No te olvides de tomar el tiempo para demostrar amor».

Le dijo a nuestra hija: «Quiero darte las gracias por adelantado a ti y a mamá por acompañarme en el hospital. Puede que haya un momento en que yo no pueda hablarte a ti, pero de todos modos canta y háblame, y yo te lo agradeceré en el corazón». Eso fue lo que hicimos, y estamos tan contentas por ello, porque nunca volvió a hablar con nosotras. Falleció después de la cirugía.

Al igual que Clare, debemos estar preparados para despedirnos de la pareja o de amigos que puedan morir antes que nosotros. Esto es clave para nuestro camino más adelante. Dios nos da posiciones diferentes en la batalla por su victoria. Algunos de nosotros pueden ser necesarios como combatientes en otro mundo mientras otros tendrán que permanecer en esta tierra un poco más. He perdido incontables amigos íntimos, compañeros pastores y a mis padres. Cada vez, me da un poco más duro:

yo podría ser el próximo. Pero en cada ocasión, la paz que siento en su partida me recuerda la recompensa que me espera a mí también, si vivo mis últimos días correctamente.

En «Terminus», Ralph Waldo Emerson habla de la muerte como un viaje oceánico, una imagen utilizada también por incontables escritores.

> Como el pájaro se abandona al vendaval,
> me abandono a la tormenta del tiempo,
> tripulo el timón, arrizo la vela,
> obedezco la voz al ocaso que obedecí al principio:
> «Humildemente fiel, desvanece el miedo,
> hacia adelante piloteo ileso;
> el puerto, bien vale el crucero, está cerca,
> y cada ola es encantada».

Si somos fieles y podemos desvanecer el temor, bien podemos experimentar un viaje tan encantado a nuestro próximo puerto. Aun así, despedirse de este mundo puede ser la cosa más difícil que jamás hagamos. Cuando llegue el momento, podemos encontrar consuelo en las palabras del salmista: «Encomienda al Señor tus afanes, y él te sostendrá;

no permitirá que el justo caiga y quede abatido para siempre» (Salmo 55:22). En ese momento, la música sagrada puede ser particularmente consoladora. Durante los últimos años he llegado a amar el himno «Mi alma está bien», escrito por un hombre que perdió todas sus hijas, y que es sumamente poderoso.

> Cuando la paz, como un río, atienda a mi camino,
> cuando las tristezas me envuelvan
>   como las olas encrespadas,
> sea cual sea mi suerte, tú me has enseñado a decir:
> mi alma está bien; está bien.

> Mi pecado, ¡la felicidad absoluta
>   de este pensamiento glorioso!
> mi pecado —no parcialmente, sino todo—
> está clavado en la cruz y no lo cargo jamás:
> ¡Gloria a Dios! ¡Gloria a Dios! ¡Oh, mi alma!

> Y Señor, apresura el día cuando vea lo que espero;
> las nubes serán enrolladas como un rollo:
> la trompeta resonará y el Señor descenderá,
> aun así, mi alma está bien.

Qué maravilloso es para una persona que sabe que va a morir en poco tiempo, encontrarse rodeado por las personas a quienes ama y confía. Sin embargo, si te encontraras solo en este momento crítico, sin hijos, pareja, amigos o compañeros a tu alrededor, ten consuelo en saber que Jesús está ahí contigo. Él no te abandonará, aunque todo el mundo te haya abandonado. Él está esperando para recibirte en sus brazos y traerte al reino de Dios. Aférrate firmemente a sus promesas y serás ampliamente recompensado, particularmente si tus últimos momentos en este mundo son difíciles. Aunque tal vez te sientas abandonado y solo, confía en Jesús, independientemente de tus circunstancias. En el libro del Apocalipsis dice:

> Oí una potente voz que provenía del trono y decía: «¡Aquí, entre los seres humanos, está la morada de Dios! Él acampará en medio de ellos, y ellos serán su pueblo; Dios mismo estará con ellos y será su Dios. Él les enjugará toda lágrima de los ojos. Ya no habrá muerte, ni llanto, ni lamento ni dolor, porque las primeras cosas han dejado de existir» (Apocalipsis 21:3–4).

Emmy Arnold
«Cada mañana, al despertarme, me siento feliz porque
tengo un día nuevo para amar y servir».

10

Continuar

No hay duda de que cuando alguien muere, la cruel realidad puede ser difícil de soportar para los que sobreviven. A menudo se preguntan: «¿Por qué me ha sucedido esto a mí?». Cuando pensamos en cómo nuestras familias van a sobrellevar nuestra ausencia, podemos encontrar consuelo en estas palabras: «El Señor está cerca de los quebrantados de corazón, y salva a los de espíritu abatido» (Salmo 34:18).

Algunos de los momentos más conmovedores que he tenido como pastor fueron con alguien que estaba perdiendo su pareja después de un matrimonio de cuarenta, cincuenta o hasta sesenta años. La mayoría de estas parejas tenían una fe profunda en Dios. Se habían comprometido uno con el otro para toda la vida, un hombre con una mujer, sabiendo que ésta era la única base para un matrimonio saludable y estable. Sus vidas no habían sido fáciles; muchos de ellos habían padecido sufrimiento y dificultades. Algunos habían sobrevivido la Gran Depresión, mientras que otros eran veteranos de las muchas guerras del siglo pasado. Cuando se ha atravesado tanto tiempo con alguien, no es de extrañar que el integrante de la pareja que sobrevive se vea afectado profundamente. Pero en cada caso observé una capacidad asombrosa para aceptar las circunstancias.

Thelma, una joven de mi iglesia, observó esto también en sus abuelos, Jim y Jeanette Warren.

Cuando terminé la secundaria, tuve la oportunidad de cuidar a abuela, que necesitaba cuidado a tiempo completo. La manera en que abuelo atendía todas sus necesidades me impresionó mucho. Durmió en una cama justo al lado de la de abuela hasta el final. Aun cuando las noches eran difíciles, su respuesta era: «Me enlisté para esto hace sesenta y un años y no me voy a retirar ahora». Al final, cuando ella murió, abuelo estaba a su

Continuar

lado. Jamás olvidaré su oración al momento de su muerte: «Gracias Dios mío, gracias, gracias por los sesenta y un años juntos. Gracias, gracias».

¿Qué nos puede dar este tipo de paz cuando fallece nuestra pareja? No estoy seguro de manejarlo con tanta gracia como Jim. Tal vez la clave no es reprimir el dolor, sino permitirse verdaderamente sentir el duelo. Esto es un proceso que no se puede evitar; sin embargo, con demasiada frecuencia tratamos de hacer precisamente eso y regresar lo antes posible a la «normalidad». Demasiadas veces esperamos sanar de la pérdida después de sólo unas cuantas semanas. Pero eso no va a suceder.

Ciertamente, la vida nunca será igual para el integrante de la pareja que sobrevive. Pero a través del luto, uno puede encontrar la verdadera paz de Jesús. En muchos casos, hay que hacerlo a solas. A veces la angustia más profunda del corazón ocurre tras puertas cerradas, sin el apoyo de la familia y las amistades más íntimas. Sin embargo, Dios siempre está ahí.

Si no se toma el tiempo para atravesar el luto, no habrá sanación adecuada. Debemos acallarnos

Continuar

espiritualmente y pedirle a Dios que nos ayude. Esto no tiene que ser algo abrumador, puede ser redentor, inclusive lleno de alegría. Cuando descubrimos esto, el luto puede hasta rendirle honor al fallecido.

Yo viví esta experiencia con mis padres, Heinrich y Annemarie. Mi madre tenía mucha mejor salud que mi padre, pero mi padre la sobrevivió por dos años. Habían estado casados cuarenta y seis años. Habían experimentado mucho de parte de Dios juntos y se amaban uno al otro profundamente. La separación final de mi madre rompió el corazón de mi padre. Simplemente no sabía cómo continuar sin ella. Tiene que haber atravesado mucha soledad, que yo, como único hijo, no aprecié lo suficiente en aquel momento.

A mi padre le encantaban estas palabras de la Madre Teresa: «Necesitamos encontrar a Dios, y no se puede hallarlo en el ruido e intranquilidad. Dios es amigo del silencio. Observa como la naturaleza —los árboles, las flores, la hierba— crece en silencio; mira cómo las estrellas, la luna y el sol se mueven en silencio . . . Necesitamos el silencio para poder buscar almas».

Esas palabras lo ayudaron atravesar el luto. Después de la muerte de mi madre, pasó muchas horas en silencio y oración, sólo en el deseo de encontrar a Dios y estar cerca de él. Yo debí haber pasado más tiempo con él en aquel entonces, para experimentar estos momentos dados por Dios. Demasiado frecuentemente estaba ocupado con otras cosas. Esto es algo que he lamentado muchas veces. Una cosa que sí hicimos juntos, después de la muerte de mi madre, fue leer los diarios y cartas que ella había escrito cuando joven, lo cual hizo que su vida se hiciera realidad para nosotros y unió a nuestra familia. Esto puede ser de ayuda para cualquier familia que esté de luto: averiguar si el ser querido que falleció dejó cartas o diarios, leerlos juntos y revivir sus experiencias de vida.

Desde su adolescencia, a mi padre le interesaban los místicos medievales, particularmente Meister Eckhart, cuyos escritos señalan la importancia del silencio y la oración. Estas dos cosas jugaron un papel tan importante en la vida de mi padre que al

Continuar

final se convirtieron en su modo de vida. Tal vez esa sea la razón por la cual tanta gente lo amaba, y por la que incluso desconocidos confiaban en él y compartían sus historias con él. Del silencio y la oración sacaba la fuerza para enfrentar las tentaciones y luchas que todos enfrentan cuando la vida llega a su final, y de esa manera podía ayudar a los demás.

Aún en el luto, aquellos que se quedan atrás pueden ser fuente de fuerza y ánimo para otros. Gill Barth, una abuela vivaz, encontró cuán difícil y gratificante a la vez esto puede ser.

El día en que un especialista le diagnosticó un tumor inoperable del cerebro a mi esposo, Stephan, se me hizo difícil comprender que estaban contados los días de este hombre grande y fuerte, que amaba las flores y los jardines, que con su pala había plantado miles de árboles y arbustos frutales. Para empeorar las cosas, coincidió con el cuadragésimo sexto aniversario de nuestro compromiso. Aunque nuestros hijos trajeron flores, eso no lo hizo más fácil.

Pero Stephan simplemente dijo: «Puedo meramente aceptarlo o puedo acogerlo de buena gana

Continuar

y bajar la cabeza ante Dios». Enjugó las lágrimas que corrían por sus mejillas y me dijo: «No te apesadumbres. De ahora en adelante vamos a celebrar la vida y estar alegres con todos». Su aceptación total me ayudó a echar a un lado la preocupación y especulación.

Según fueron pasando los días, me di cuenta de que Stephan ya no era sólo «mi» marido, sino que tenía que compartirlo, abrirles las puertas de nuestra casa a amigos y vecinos. Nuestra casa se inundó de visitantes, quienes traían memorias, risas y lágrimas. Cada vez que pensaba en el horror del tumor que iba creciendo, tenía que forzar el pensamiento hacia el reto de Stephan de «celebrar la vida».

Sin embargo, él no era irrealista y poco a poco dejó ir las cosas que habían sido importantes para él: los huertos de cítricos y uvas que había plantado, la llave de su camión favorito, sus juegos de cartas semanales con los vecinos. Sólo en una ocasión escuché algo triste salir de sus labios: «Cuánto tiempo se toma morir». Aún en ese momento no lo dijo en forma de queja. A los dos meses y medio llegó el momento de la partida. A

Continuar

través de las lágrimas sabíamos que era una victoria y que había completado su tarea en la vida.

Ahora era viuda. Durante los días y meses después de la muerte de Stephan, estuve rodeada de amor y esto me fue de gran ayuda, aunque me hacía tremenda falta. La primera vez que llovió, salí corriendo a buscar su impermeable y de repente recordé que su cuerpo yacía bajo la tierra. Llegar a la casa por la noche y encontrar su butaca vacía representaba un dolor continuo en el corazón. Había tantos pequeños detalles —una canción, el recuerdo de un lugar que habíamos compartido, las estrellas brillantes que acostumbrábamos mirar— que me rasgaban el corazón y hasta apretaban la respiración.

Traté de retener las lágrimas para que otros no se sintieran angustiados, y luego me di cuenta de que fue un error, que debí haber dejado que fluyeran. Traté de ser valiente, pero no lo fui. Nunca había experimentado lo que significaba perder a un ser querido. Mi madre me había dicho años antes que después de que mi padre murió, nadie le hablaba a ella sobre él, y esto hacía parecer como que nunca hubiera existido. ¡Cuánto ella deseaba

Continuar

escuchar a alguien tan siquiera mencionar su nombre! No me había dado cuenta de mi propia necesidad por este consuelo tan básico.

Durante años yo había trabajado con Stephan en una pequeña empresa, y ahora parecía que no tenía relación con mis compañeros de trabajo; tal había sido la presencia de Stephan en mi vida y en mi trabajo. Suena extraño, pero era como si yo fuera solamente una sombra de mí misma. Traté de encontrar cuál debía ser mi papel en la vida. Hablé con mi pastor y comencé a afrontar el hecho de que cuando alguien muere, otros se quedan atrás para llorarlo. Conocí a otros viudos y viudas, que habían sufrido igual que yo, y descubrí que ellos habían podido atravesarlo y habían llegado a una vida nueva, estableciendo relaciones nuevas, lazos nuevos. Al igual que había tenido que «compartir» a Stephan con otros mientras moría, ahora yo también tenía que compartir de mí misma, de mi tiempo y energía, y no solamente vivir en dolor por él.

Me tomó tal vez dos o tres años antes de poder hacer esto plenamente. Pero adquirí una paz nueva y un corazón nuevamente agradecido por los años

Continuar

que Stephan y yo habíamos compartido. Descubrí que el amor no llega a un final, sino que desde la eternidad llega a nuestro corazón aquí en la tierra.

Mi abuela Emmy Arnold, «Oma», como la llamábamos, es otro ejemplo maravilloso de cómo la tristeza y la separación no necesariamente tienen que conducir a la desesperanza y soledad. Ella nació en una familia aristocrática de Riga, en Latvia. Sus padres eran reconocidos líderes cívicos y profesores universitarios. A los veintitantos años experimentó una conversión a Jesús y se bautizó. Luego se casó con mi abuelo, Eberhard Arnold, y en el año 1920 fundaron una pequeña comunidad intencional en la Alemania rural. Pusieron en práctica las enseñanzas de Jesús, según reza el Sermón del Monte (Mateo 5–7).

No es de sorprender que ambos fueran críticos abiertos de Hitler durante su ascenso al poder. Luego, en 1935, mi abuelo murió inesperadamente después de amputársele una pierna fracturada que se había infectado. Para el año 1937, junto con mis padres y otros amigos, Oma se vio obligada a huir de Alemania, finalmente embarcándose en plena

Continuar

guerra hacia Sudamérica a través de aguas infesta-
das de submarinos.

Oma permaneció viuda por cuarenta y cinco
años. En muchas ocasiones tiene que haberse
sentido muy sola, sin el esposo a quien tanto amaba.
Sin embargo, nunca sintió pena por sí misma.
Siempre se acercaba a otros. Los niños la amaban y
acudían a ella. Ella tocaba el piano y le encantaban
las canciones folklóricas y los himnos. Además, era
una buena escritora y mantenía una correspondencia extensa con gente del mundo entero.

Oma amaba la vida, particularmente las celebraciones de la Navidad, la Pascua y su cumpleaños.
Invitaba a muchas personas a estas celebraciones.
Durante sus últimos años yo la llevaba a menudo a
dar paseos en carro por las montañas Catskill, en
las que nos deteníamos para disfrutar de una vista
espectacular o una taza de café. Las conversaciones
que tuvimos acerca de la fe, el matrimonio, los hijos
y la comunidad tuvieron una gran influencia sobre
mí, particularmente cuando ella podía recordar
lo que mi abuelo, teólogo reconocido, sentía sobre
algún tema en particular.

Continuar

159

Aun cuando fue envejeciendo y volviéndose más débil, nunca dejó de atender a los muchos visitantes que venían a verla. Cuando falleció, a los noventa y cinco años, todavía irradiaba alegría y entusiasmo. No sólo nuestra familia, sino las muchas personas a quienes había tocado a través de los años, la extrañamos muchísimo. Para mí, su legado refleja las palabras del libro de Apocalipsis que están inscritas en la tumba de ella y de su esposo: «Dichosos los que de ahora en adelante mueren en el Señor . . . Ellos descansarán de sus fatigosas tareas, pues sus obras los acompañan» (Apocalipsis 14:13).

Claro que no todo el mundo es casado ni tiene una pareja de toda la vida. No todo el mundo tiene una relación tan maravillosa y tan significativa para los demás como la que tuvo mi abuela. Pero se debe guardar luto para cada muerte y se debe llorar por cada alma.

La paz y el propósito que sentimos en nuestra vejez guardan relación directa con cuán bien manejamos la pérdida y el luto y si podemos pasar de la angustia solitaria a una nueva alegría después de que un ser querido ha partido. Si descendemos en un espiral hacia la depresión, o si pensamos demasiado en las experiencias pasadas, podemos perdernos las oportunidades que se nos ofrecen para utilizar nuestro luto de una manera positiva, como lo hicieron mi padre, mi abuela y Gill.

Mientras tanto, podemos estar seguros de que aquellos que han ido a otro lugar antes que nosotros permanecen conectados a nosotros aquí en la tierra. Como mi abuelo le escribió a Oma en su última carta: «Oraré por ti ante Dios durante toda la eternidad». Un pensamiento como ese, aunque sea demasiado grande para poder entenderlo plenamente, no dejará de ser de gran consuelo para cualquiera que tenga fe.

Continuar

Ellen Keiderling
«*Éstos son los mejores años de mi vida*».

11

Un nuevo comienzo

Un médico estaba haciendo una visita a domicilio cuando el paciente le dijo que tenía miedo a morir y preguntó qué había «al otro lado». Al escuchar un ruido al otro lado de la puerta, el médico respondió:

> ¿Oyes eso? Es mi perro. Lo dejé abajo, pero se ha impacientado, ha subido y oye mi voz. No tiene ni idea de lo que hay de este lado de la puerta, pero sabe que yo estoy aquí. ¿No es igual contigo? No sabes lo que hay al otro lado de la puerta, pero sabes que tu Señor está ahí.

Este cuento narrado por A. M. Hunter muestra la confianza con la cual debiéramos abordar el final de nuestra vida. Al igual que todos tememos envejecer, todos también tememos morir. Pero nunca venceremos estos temores por completo hasta que nos demos cuenta de que fuimos hechos no sólo para este mundo, sino para algo más grande. Si vemos la muerte como un escalón de paso a otro mundo, como parte de la continuación de la experiencia humana y no como el final, lo podemos manejar mejor.

Como nos dice Pablo: «Hermanos, no queremos que ignoren lo que va a pasar con los que ya han muerto, para que no se entristezcan como esos otros que no tienen esperanza. ¿Acaso no creemos que Jesús murió y resucitó? Así también Dios resucitará con Jesús a los que han muerto en unión con él» (1 Tesalonicenses 4:13–14).

Si verdaderamente creemos esto, no tenemos que preocuparnos por lo que hay al otro lado de la puerta, porque sabemos *quién* está ahí: es nuestro Señor, Jesús. Y mientras lidiamos con saber que nuestra vida en la tierra pudiera terminar en cualquier momento, podemos vivir con la certeza de que hay una vida después de la muerte.

He sostenido durante mucho tiempo una discusión con el dueño de un restaurante de la localidad que es un firme creyente en que la muerte es el final de todo. Está convencido de que no hay vida después de la muerte y de que no existe el cielo. Tal punto de vista no toma en cuenta la grandeza de Dios y su poder para redimir y reconciliarlo todo (Colosenses 1:20).

Hay muchos otros que piensan así, pero el concepto de la eternidad —es decir, de vida después de la muerte— no es solamente una idea cristiana. El Judaísmo, el Islam, el Budismo y el Hinduismo incluyen una creencia en la vida después de la muerte. Jesús hace referencia a las habitaciones que nos esperan en la casa de su padre. George MacDonald abundó en esto cuando hizo la pregunta:

> ¿Qué importa si vivimos en esta habitación o en otra? El mismo que nos envió aquí, nos envía fuera de aquí . . . Sí me importa vivir, tremendamente, pero no me preocupa dónde. A quien creó esta habitación en la que tanto vale la pena vivir, ¡seguramente se le puede confiar en la próxima!

Nuestra vida es breve, como flores que se desvanecen. El profeta Isaías escribe que «todo mortal es como la hierba, y toda su gloria como la flor del campo. La hierba se seca y la flor se marchita» (Isaías 40:6–7). El apóstol Santiago pregunta: «¿Qué es su vida? Ustedes son como la niebla, que aparece por un momento y luego se desvanece» (Santiago 4:14). Somos unos necios si creemos que podemos cambiar esta realidad. Todo esto sería muy deprimente, a menos que entendamos que es parte del plan maravilloso de Dios.

Según nos dan a entender las sagradas escrituras, la eternidad no se trata de una vida sin fin, como la conocemos. La que conocemos aquí pronto acabará. La eternidad es una vida nueva, libre de los poderes destructivos de la muerte, una plenitud de vida donde el amor reina supremamente. La promesa de una vida eterna tiene menos que ver con la duración del tiempo y más que ver con cierto tipo de vida, una vida de paz, compañerismo y abundancia. Y esa vida puede comenzar ahora. En lo más íntimo, todos anhelamos aquello que Dios ha prometido darnos: un tipo nuevo de existencia, un hogar nuevo con un cuerpo que nunca sufre carencias o necesidades: «De hecho, sabemos que si esta tienda de campaña en que vivimos se deshace, tenemos de Dios un edificio, una casa eterna en el cielo, no construida por manos humanas. Mientras tanto suspiramos, anhelando ser revestidos de nuestra morada celestial . . . » (2 Corintios 5:1–2).

Dios quiere recibirnos y darnos la bienvenida a todos en su reino, pero tenemos que comenzar a trabajar hacia eso aquí en nuestra vida terrenal. Lo que hagamos aquí y ahora tiene importancia más allá del aquí y ahora. Desperdiciamos tanto tiempo en este mundo, en placeres fugaces, y nos olvidamos de las cosas que verdaderamente importan. «Trabajen, pero no por la comida que es perecedera, sino por la que permanece para vida eterna» (Juan 6:27).

Tal actitud o modo de vida se podría llamar «vivir en presencia de la eternidad», donde nuestra mente y corazón se preparan para el mundo venidero, mientras existimos corporalmente en éste. Las siguientes palabras atribuidas a Tecumseh, jefe de los Shawnee, lo expresan maravillosamente:

Vive tu vida de tal manera que el temor a la muerte nunca pueda entrar en tu corazón . . . Ama tu vida, perfecciona tu vida, embellece todas las cosas en tu vida. Busca lograr que tu vida sea larga y que su propósito sea servirle a tu pueblo . . .

Cuando estés en un lugar solitario, siempre da una señal o palabra de saludo al encontrarte o cruzarte con un amigo, o aún un extraño. Muestra respeto hacia todos y no te arrastres ante nadie. Cuando te levantes por la mañana, da gracias por la comida y por la alegría de vivir. Si no encuentras razón para dar gracias, puedes estar seguro de que la culpa es tuya . . .

Cuando te llegue el momento de morir, no seas como aquellos cuyos corazones están llenos de temor a la muerte, que cuando les llega el momento lloran y ruegan por un poquito más de tiempo para vivir sus vidas de nuevo de otra manera. Canta tu canción de muerte y muere como un héroe que va de regreso a casa.

Vivir ante la eternidad significa no acumular para sí tesoros en la tierra, sino acumular para sí tesoros en el cielo (Mateo 6:19–20). Vivir ante la eternidad significa saber que no sólo vivimos de pan, sino de toda palabra que sale de la boca de Dios (Mateo 4:4) y significa saber que Jesús nos da el agua viva:

Un nuevo comienzo

«Todo el que beba de esta agua volverá a tener sed pero el que beba del agua que yo le daré, no volverá a tener sed jamás, sino que dentro de él esa agua se convertirá en un manantial del que brotará vida eterna» (Juan 4:13–14).

Al entrar al ocaso de nuestra vida, mi esposa y yo a menudo nos hemos preguntado qué es lo verdaderamente importante. Una y otra vez, hemos entendido que debemos prepararnos, lo mejor que podamos, para el momento en que Dios nos llame, y ayudar a otros cuando enfrenten la muerte: estar a su lado y ayudarles a cruzar el puente de este lugar al próximo.

Nos vendría bien a todos hacernos esta pregunta, y no importa la edad que tengamos. La juventud es una de las épocas más maravillosas de la vida, sin embargo, sus alegrías sólo serán plenas cuando los jóvenes empiecen a darle importancia a la eternidad. Lo mismo va para la vejez: puede estar marcada por el dolor, la soledad y la depresión si no nos damos cuenta de que en vez de estar confrontando la mortalidad, nos estamos acercando a la inmortalidad.

Para vivir por la eternidad, nos hace falta fe, esa fe que Pablo describe como «la garantía de lo que se espera y la certeza de lo que no se ve» (Hebreos 11:1). Sin la fe, tememos el fin de nuestra vida terrenal; con la fe, se quita este temor. Sin la fe, vemos la muerte como pérdida y tristeza; con la fe, la encaramos con regocijo, hasta triunfo. Sólo al morir comenzará una vida nueva.

En el Evangelio de Juan se nos recuerda que «si el grano de trigo no cae en tierra y muere, se queda solo. Pero si muere, produce mucho fruto» (Juan 12:24). Dios quiere que cada uno de nosotros crezca, florezca y produzca fruto en la eternidad.

Al prepararnos para la eternidad, nos enfrentamos a la pregunta: «¿Qué va a pasar conmigo cuando muera?» Pero no hay que temer, porque «ya no hay ninguna condena para los que están unidos a Cristo Jesús, pues por medio de él la ley del Espíritu de vida me ha liberado de la ley del pecado y de la muerte» (Romanos 8:1–2).

Como lo expresa de manera tan hermosa el autor hebreo de Eclesiastés. Hay:

tiempo de nacer y tiempo de morir,

tiempo de plantar y tiempo de arrancar lo plantado,

tiempo de matar y tiempo de curar,

tiempo de destruir y tiempo de edificar,

tiempo de llorar y tiempo de reír,

tiempo de hacer duelo y tiempo de bailar,

tiempo de esparcir piedras y tiempo de juntarlas,

tiempo de abrazar y tiempo de abstenerse de abrazar,

tiempo de buscar y tiempo de rendirse,

tiempo de guardar y tiempo de tirar,

tiempo de rasgar y tiempo de coser,

tiempo de callar y tiempo de hablar,

tiempo de amar y tiempo de aborrecer,

tiempo de guerra y tiempo de paz.

El escriba continúa:

He visto el trabajo que Dios ha dado a los hijos de los hombres para que se ocupen en él. Todo lo hizo hermoso en su tiempo, y ha puesto eternidad en el corazón del hombre, sin que este alcance a comprender la obra hecha por Dios desde el principio hasta el fin (Eclesiastés 3:2–8, 10–11; Reina-Valera 1995).

Nuestra vida sería muy poca cosa si verdaderamente se tratara sólo de lo que experimentamos, tocamos y vemos, pero la eternidad es inmensurable. Si vivimos ante la eternidad, veremos que es mucho más real que cualquier cosa en este mundo visible. Como escribe Pablo: «Ahora vemos de manera indirecta y velada, como en un espejo; pero entonces veremos cara a cara. Ahora conozco de manera imperfecta, pero entonces conoceré tal y como soy conocido» (1 Corintios 13:12).

Dios nos creó a cada uno de nosotros para este mundo, pero también nos ha creado para la eternidad y tiene algo en mente para cada uno de nosotros. Si vivimos exclusivamente para esta vida terrenal, esto tendrá sus consecuencias. Por otro lado, si somos fieles a Dios, se nos promete que «los justos brillarán en el reino de su Padre como el sol» (Mateo 13:43). Pablo dice, «Porque si ustedes viven conforme a ella, morirán; pero si por medio del Espíritu dan muerte a los malos hábitos del cuerpo, vivirán» (Romanos 8:13). ¿No debiera ser ésta nuestra meta?

Claro que cometeremos errores mientras nos esforzamos por seguir adelante. Pero Dios nos puede utilizar como quiera. Por imperfectos que seamos en este mundo, en la eternidad podemos ser perfectibles. El poema de Robert Browning, que tanto le gustaba a mi secretaria Ellen y que cité al comienzo de este libro, termina con las siguientes palabras:

> Así pues, recoge y usa Tu obra:
> corrige los defectos que se acechan,
> ¡la presión de la materia,
>   los alabeos más allá de la meta!
> ¡Mis tiempos están en Tu mano!
> ¡Perfecciona mi destino, como lo planeaste!
> ¡Deja que la vejez apruebe la juventud,
>   y que la muerte finalice la misma!

Vivir ante la eternidad nos da una oportunidad de conquistar la muerte ahora, aún antes de morir físicamente. Nos puede ayudar a comprender cómo Dios está obrando en la vida de cada uno. Nos puede dar la fortaleza para seguir su camino de servicio, amor y perdón, para que podamos prepararnos en primer lugar para nuestra muerte y en última instancia para la vida eterna. Cuando Dios nos colocó a cada uno de nosotros en el camino, tenía un propósito para nosotros, un propósito mucho más allá de lo que somos capaces de imaginar. Y es cumpliendo este propósito que se nos dará la vida eterna.

Yo soy la resurrección y la vida. El que cree en mí vivirá, aunque muera; y todo el que vive y cree en mí no morirá jamás (Juan 11:25–26).

Posdata

Muchas personas nos han ayudado a mi esposa Verena y a mí a recopilar las historias en este libro. En primer lugar, queremos darle las gracias a mi editor Red Zimmerman y al personal de mi oficina —Miriam Mathis, Emmy Maria Blough, Else Blough, y Hanna Rimes— quienes dedicaron incontables horas a recopilar el material y revisar el manuscrito. También a todo el personal de la casa editora Plough Publishing House. Sin su ayuda, este libro no sería lo que es.

Trabajar en este libro nos ha dado a Verena y a mí mucho en qué pensar. Todos los temores sobre la vejez que aparecen descritos en este libro han sido nuestros temores también. Nos identificamos con todo lo que pueda cruzarle por la mente al lector. La respuesta que hemos encontrado es poner nuestra confianza en Jesús; él estará a nuestro lado cuando vengan los momentos de prueba. Él nos prometió su paz, «no como la que da el mundo» sino la paz «que sobrepasa todo entendimiento». Es sumamente importante encontrar esta paz al final de nuestra vida. Entonces podemos ayudar a otros a encontrarla también.

Mientras entrevistábamos personas para este libro, Verena y yo intimamos con docenas de personas de nuestra generación con ideas afines. Cada uno tenía una historia increíble que nos inspiró a seguir adelante. Descubrimos que casi todos ellos tenían algo en común. En su niñez y juventud sus padres y maestros les enseñaron valores morales. Enfatizaron el valor de escuchar a su propia conciencia en cuanto al bien y el mal. Sus vidas demuestran la gran diferencia que puede significar cuando un niño se cría en un hogar con ambos padres: cuando marido y mujer cumplen con sus votos de matrimonio para toda la vida «hasta que la muerte los separe». Esperamos que nuestra generación no haya fallado del todo en transmitir este legado a nuestros hijos.

A modo de nota personal, está claro para nosotros que nuestros días en este mundo están contados. En vez de entristecernos a causa de ello, hemos decidido convertirlo en una experiencia positiva. Hemos recibido muchísimo amor y confianza de parte de tantas personas y enfrentamos el futuro con esperanza y agradecimiento. Hay tanto que tenemos que agradecerle a Dios. Nos ha mantenido unidos por más de cuarenta y siete años y ha bendecido nuestro matrimonio con ocho hijos y cuarenta y dos nietos. ¡Ahora estamos a punto de recibir nuestro primer bisnieto! Cuando nos casamos, jamás nos hubiéramos imaginado que llegaría este día.

Gracias por haber leído *La riqueza de los años*. Esperamos que se lo pase a otra persona y ayude a transmitir su mensaje de esperanza a la mayor cantidad de gente posible. Nos encantaría saber su opinión acerca del libro. Puede comunicarse con nosotros a través de la casa editora en *plough.com*.

Posdata

El autor

La gente ya espera buenos consejos de parte de Johann Christoph Arnold, autor premiado con más de un millón de copias de sus libros publicados en más de veinte idiomas.

Conferencista y escritor reconocido sobre los temas del matrimonio, la crianza de los hijos y el final de la vida, Arnold es el pastor senior del Bruderhof, movimiento de comunidades cristianas. Junto con su esposa, Verena, ha aconsejado a miles de personas y familias durante los últimos cuarenta años.

El mensaje de Arnold ha sido forjado por sus encuentros con grandes trabajadores por la paz tales como Martin Luther King Jr., la Madre Teresa, César Chávez y Juan Pablo II. Junto con el policía

paralítico Steven McDonald, Arnold comenzó el programa *Breaking the Cycle* (Romper el Ciclo), en el que trabajan con estudiantes en centenares de escuelas públicas para promover la reconciliación a través del perdón. Este trabajo también lo ha llevado a zonas de conflicto que abarcan desde Irlanda del Norte hasta Ruanda y el Medio Oriente. Ya más cerca de su hogar, sirve como capellán en el departamento de la policía local.

Nacido en Inglaterra en el año 1940, hijo de refugiados alemanes, Arnold pasó su niñez en América del Sur, donde sus padres encontraron asilo durante la Segunda Guerra Mundial. Emigró a los Estados Unidos en 1955. Él y su esposa tienen ocho hijos y cuarenta y dos nietos, y residen en el norte del Estado de Nueva York.

Índice de nombres

Otros títulos por este autor

Setenta veces siete
Reconciliación en nuestra sociedad

No importa el peso de nuestra amargura, perdonar es la forma más segura de superarla. En este libro, sobrevivientes del crimen, la traición, el abuso, la intolerancia y la guerra comparten sus sorprendentes historias para desafiar y animar a otros, donde quiera que estén en su camino hacia la sanación.

Dr. Ediberto López Seminario Evangélico de Puerto Rico
Arnold demuestra que el oprimido no haría más que colaborar con su opresor si dejara que el recuerdo de sus sufrimientos determine el resto de su vida. El perdón es un poder humanizador. Gracias por esta joya espiritual.

Porque importan los niños

Criar un hijo nunca ha sido más desafiante. Arnold ofrece sabiduría probada por el tiempo y consejos de sentido común respecto a lo que más necesitan los hijos, lo que mantiene unida a una familia y cómo redescubrir el gozo de la paternidad.

Timothy Cardinal Dolan Arzobispo de Nueva York
Probado por el tiempo, completamente al día, y sólidamente anclado en la fe.

Sixto Porras Director, Enfoque a la Familia Iberoamérica
Una exposición relevante para los tiempos peligrosos que estamos viviendo.

www.plough.com

Dios, sexo y matrimonio
Prólogo por la Madre Teresa

Una renovada y nueva mirada al sexo, el amor y el matrimonio que repasa los problemas usuales y llega a la raíz: nuestra relación con Dios y el poder decisivo de ese vínculo sobre todas las otras relaciones.

No tengas miedo
Como superar el temor a la muerte

En este libro lleno de esperanza, hombres y mujeres comunes ofrecen crudas visiones sobre cómo lidiar con la duda, la pérdida, el dolor y el temor a la muerte. A través de sus historias de la vida real, Arnold muestra cómo el sufrimiento puede adquirir sentido y es posible superar la desesperanza.

En busca de paz
Apuntes y conversaciones en el camino
Prólogo por el Obispo Emérito Samuel Ruiz García

¿Dónde podemos encontrar paz del corazón y del espíritu —con nosotros mismos, con otros y con Dios? Arnold lo ilustra con la sabiduría de personas excepcionales (y algunas muy comunes) que han encontrado la paz en lugares sorprendentes.

www.plough.com.